SOLOS**AVANÇADOS**COM **ARPEJOS**PARA**GUITARRA**

Estudos Criativos de Arpejos para a Guitarra Moderna de Rock e Fusion

CHRIS**BROOKS**

FUNDAMENTAL**CHANGES**

Solos Avançados Com Arpejos Para Guitarra

Estudos Criativos de Arpejos para a Guitarra Moderna de Rock e Fusion

ISBN: 978-1-78933-131-8

Published by **www.fundamental-changes.com**

Copyright © 2019 Christopher A. Brooks

Tradução: Daniel Bosi

www.fundamental-changes.com

Twitter: **@guitar_joseph**

Mais de 10.000 seguidores no Facebook: **FundamentalChangesInGuitar**

Facebook: **ChrisBrooksGuitar**

Instagram: **FundamentalChanges**

Instagram: **chrisbrooksguitarist**

Para mais de 350 aulas gratuitas de guitarra com vídeos, acesse:

www.fundamental-changes.com

Imagem da capa – Shutterstock: Roman Voloshyn

Contents

Introdução   4

Um Pouco de Teoria Musical   6

Capítulo Um: Seja Estiloso com Pares de Tríades   9

Capítulo Dois: Empilhamentos Ousados e Substituições   26

Capítulo Três: Sequenciamento com Confiança   39

Capítulo Quatro: Fusão Efetiva de Escalas   55

Capítulo Cinco: Jazzíssimo e Cheio de Estilo   66

Capítulo Seis: Impressione com o Fraseado   82

Conclusão   93

Outros Livros da Fundamental Changes   94

Introdução

Desde que escrevi meu último livro, *Palhetada Sweep – Estratégias e Velocidade,* fiquei interessado em completar o livro que você está lendo agora. Sabendo que a técnica é apenas tão valiosa quanto o uso que você dá a ela, compilei com entusiasmo esse volume repleto de conceitos baseados em vocabulário para cobrir os próximos passos na execução de arpejos.

Quando eu era mais jovem, fui inspirado pela onda de guitarristas técnicos de rock nos anos 1980, e queria aprender a tocar daquela forma. Por outro lado, eu estava ficando mais consciente de como os guitarristas de jazz *hip* e fusion soavam através das suas escolhas de notas e ideias de frases. Felizmente, os dois não se excluem mutuamente, e o meu objetivo desde então tem sido buscar inspiração em diferentes fontes para tocar.

Ao longo deste livro, você acumulará um arsenal de ideias que funcionarão igualmente bem sobre *vamps* de rock, metal, jazz e fusion. Do pareamento de tríades às abordagens de voicings, passando por conceitos de fraseado, sequências e a conexão de escalas com arpejos, este livro tem como objetivo entregar novas revelações a cada leitura.

Muitos dos conceitos vêm com algum fundamento teórico, mas você não precisa ser um grande músico de jazz para se beneficiar dos *licks.* A teoria, do meu ponto de vista, não é um conjunto de regras, mas um conjunto de observações do porquê algumas coisas funcionam e outras não. Acumular essa informação, à medida que se avança, é útil para aplicar boas ideias a inúmeras situações, evitando sons que você não goste.

Este material pode ser absorvido em três níveis, do iniciante ao avançado, dependendo da sua experiência:

- _ Nível 1: Aprenda os *licks* como escrito e use-os sobre os acordes sugeridos

- _ Nível Dois: Compreenda a motivação por trás de cada *lick*

- _ Nível Três: Ser capaz de aplicar a teoria por trás dos *licks* a outros arpejos, tons ou modos

Cada capítulo termina com uma pequena lista de metas. Ao contrário dos meus livros anteriores, este pode ser abordado de forma modular, permitindo-lhe saltar para trás e para a frente entre capítulos, se alguns conceitos o inspiram mais do que outros. Os guitarristas avançados podem preferir escolher a dedo as suas ideias favoritas, enquanto que os guitarristas intermediários se beneficiarão do estudo do material em sequência.

Já que uma grande parte deste livro é dedicada a adicionar sons criativos à execução dos seus arpejos, ouvir as faixas de apoio será extremamente benéfico para expandir a sua paleta musical. Cada exemplo é reproduzido a duas velocidades. As faixas de apoio também são repetidas com as partes de solo omitidas, para lhe dar a oportunidade de tocar os *licks* sobre a mesma harmonia. Você também vai encontrar *vamps* de um só acorde, dos tipos de acordes mais importantes, para que você possa realmente praticar a improvisação, combinando várias ideias sobre as faixas para criar ótima música.

Aproveite os tópicos a seguir e seja criativo em seus solos!

Chris Brooks

Obtenha o Áudio

Os arquivos de áudio deste livro estão disponíveis para download gratuito no site **www.fundamental-changes. com**. O link está no canto superior direito da página. Basta selecionar o título deste livro no menu e seguir as instruções para obter o áudio.

Recomendamos que você baixe os arquivos diretamente no seu computador, não no seu tablet, e extraia-os no computador antes de adicioná-los à sua biblioteca de mídia. Você pode então colocá-los no seu tablet, iPod ou gravá-los em um CD. Na página de download há um PDF de ajuda e nós também oferecemos suporte técnico pelo formulário de contato.

Para mais de 350 aulas de guitarra com vídeos, acesse:

www.fundamental-changes.com

Twitter: **@guitar_joseph**

Mais de 10.000 curtidas no Facebook: **FundamentalChangesInGuitar**

Instagram: **FundamentalChanges**

Um Pouco de Teoria Musical

Embora a aplicação prática seja a principal motivação deste livro, algumas informações básicas facilitarão a utilização deste material em situações reais de performance. O seguinte detalhamento garantirá que você entenda os termos que vou usar e como eles se relacionam com a música que vamos ver.

Se você já estudou meu livro anterior, *Palhetada Sweep – Estratégias e Velocidade* e também tem alguma experiência tocando escalas e modos, você já está pronto para trabalhar com o material deste livro. Sinta-se à vontade para ir direto ao Capítulo Um.

Muitos dos exemplos são escritos no tom de G Maior usando tríades, arpejos e modos desse tom.

O tom de G contém as notas:

G (tônica),

A (segunda maior)

B (terça maior)

C (quarta justa)

D (quinta justa)

E (sexta maior)

F# (sétima maior)

Numericamente, a escala maior tem a *fórmula* simples 1 2 3 4 5 6 7, porque é a escala com a qual mais frequentemente comparamos outras escalas na música ocidental.

As fórmulas de outros modos e arpejos fazem referência a esse sistema de numeração, acrescentando bemóis ou sustenidos, conforme necessário. Por exemplo, o modo lídio tem a fórmula 1 2 3 #4 5 6 7, pois é idêntico à escala maior em todos os sentidos, com exceção da quarta neota sendo aumentada em um semitom.

Tríades e sétimas no tom de G Maior

No tom de G Maior, as tríades e acordes de sétima são:

I.   *G Maior* – G, B, D (1, 3, 5) e *G Maior 7* – G, B, D, F# (1, 3, 5, 7)

II.   *A Menor* – A, C, E (1, b3, 5) e *A Menor 7* – A, C, E, G (1, b3, 5, b7)

III.   *B Menor* – B, D, F# (1, b3, 5) e *B Menor 7* – B, D, F#, A (1, b3, 5, b7)

IV.   *C Maior* – C, E, G (1, 3, 5) e *C Maior 7* – C, E, G, B (1, 3, 5, 7)

V.   *D Maior* – D, F#, A (1, 3, 5) e *D de Sétima Dominante* – D, F#, A, C (1, 3, 5, b7)

VI.   *E Menor* – E, G, B (1, b3, 5) e *E Menor 7* – E, G, B, D (1, b3, 5, b7)

VII.   *F# Diminuto* – F#, A, C (1, b3, b5) e *F# meio diminuto de sétima* – F#, A, C, E (1, b3, b5, b7)

Fazer de cada acorde o foco ou *centro tonal* de um *vamp* rítmico é a porta de entrada para os *modos* de execução.

Modos no tom de G Maior

A maioria dos guitarristas intermediários estão familiarizados com a forma como uma escala maior e sua escala menor relativa criam dois sons usando a mesma armadura. O conceito de *modos* é uma expansão dessa ideia, onde cada grau da escala e seu acorde correspondente podem ser tratados como um novo centro tonal. Ao dividir o tom em sete porções – uma por grau de escala – são criados "sabores" modais.

Pense nos sete modos como irmãos com DNA sobreposto, mas personalidades individuais e distintas.

Você já deve conhecer os dois modos mais comuns na música ocidental: o modo *Jônio* (a escala maior) e o modo *Eólio* (a escala menor natural). Modos associados com acordes maiores (ou seja, seu primeiro acorde é um acorde maior) são considerados *modos maiores* e aqueles associados com acordes menores (ou diminutos – seu primeiro acorde é um acorde menor) são *modos menores*.

Os sete modos de G Maior e as suas representações numéricas são:

1. *G Jônio* (a escala maior) – 1, 2, 3, 4, 5, 6, 7 ou G, A, B, C, D, E, F#

2. *A Dórico* (modo menor com uma sexta maior) – 1, 2, b3, 4, 5, 6, b7 ou A, B, C, D, E, F#, G

3. *B Frígio* (modo menor com a segunda menor) – 1, b2, b3, 4, 5, b6, b7 ou B, C, D, E, F#, G, A

4. *C Lídio* (modo maior com uma quarta aumentada) – 1, 2, 3, #4, 5, 6, 7 ou C, D, E, F#, G, A, B

5. *D Mixolídio* (modo maior com uma sétima menor) – 1, 2, 3, 4, 5, 6, b7 ou D, E, F#, G, A, B, C

6. *E Eólio* (escala menor natural) – 1, 2, b3, 4, 5, b6, b7 ou E, F#, G, A, B, C, D

7. *F# Lócrio* (modo menor com uma segunda menor e quinta diminuta) – 1, 2, b3, 4, b5, b6, b7 ou F#, G, A, B, C, D, E

Outros modos e escalas referidos neste livro serão decompostos à medida que se relacionam com os exemplos apresentados. Para uma leitura extra sobre escalas e modos, consulte *Escalas de Guitarra Contextualizadas* de Joseph Alexander e *Dominando os Modos – Guitarra Rock* de Chris Zoupa. Ambos são publicados pela Fundamental Changes.

Nos dois primeiros capítulos deste livro, você terá uma noção de como pode ser simples criar sons modais, combinando diferentes arpejos sobre acordes estáticos para expandir a paleta de cores disponíveis além dos tons de acordes básicos.

Palhetada Sweep e Orientação da Palhetada

A palhetada *sweep* tem um grande papel na execução rápida e eficiente de arpejos. Muitas das palhetadas nos exemplos são otimizadas para os sistemas apresentados no meu livro *Palhetada Sweep – Estratégias e Velocidade,* então consulte-o para o desenvolvimento e maestria da palhetada *sweep*.

A palhetada *sweep* ascendente é realizada com uma *inclinação descendente na palheta* e a palhetada descendente é feita com uma *inclinação ascendente na palheta*, da mesma forma que você inclinaria a palheta ao mesmo tempo em que toca as cordas para criar um movimento suave de corda para corda.

Ao mudar de direção, as mudanças de cordas são tratadas com uma mistura de palhetada em torno das cordas (*palhetada por fora*) ou entre elas (*palhetada por dentro*). Para não ficar com a palheta presa entre cordas ao tocar arpejos, consulte as notas sobre *upscaping* e *downscaping* no meu livro anterior.

Cada palhetada está incluída em cada *lick* deste livro, para que você nunca mais tenha que adivinhar como eu toco. Você pode experimentar outras estratégias de mudança de cordas. Quando relevante, são mencionadas algumas alternativas às palhetadas apresentadas.

Capítulo Um: Seja Estiloso com Pares de Tríades

Ouvi pela primeira vez o que acabou por ser um *par de tríades* no sucesso de 1987 da Cher, *I Found Someone*. Usando um som de piano em camadas com um som *synth pad* de sintetizador, o teclado da abertura cativante alterna entre duas tríades e inversões com a mão direita, enquanto segura uma nota grave estática com a esquerda. O que eu peguei dessa parte é que você pode combinar ideias estáticas e em movimento para criar algo singularmente melódico.

No Jazz e Fusion modernos, o pareamento de tríades é um dispositivo melódico comum, usado por improvisadores. No entanto, os guitarristas de Rock também podem entrar na diversão, já que os pares de tríades são perfeitos para a palhetada *sweep* e outras técnicas, enquanto ampliam as capacidades das tríades simples.

Um par de tríades é meramente a alternância de duas tríades dentro de uma frase. Os pares são normalmente (mas não se limitam a) tríades vizinhas dentro de um tom e podem usar vários tamanhos e direções de agrupamento. Ao combinar os tons de duas tríades adjacentes, seis notas estão à sua disposição para criar melodias que contornam modos diferentes, além de permitir a construção de tensão e liberação, implicar extensões de acordes superiores e criar alguns conceitos exclusivos para tocar de forma harmonicamente distante.

Você pode experimentar qualquer par de tríades sobre qualquer acorde, mas, para ter melhores resultados, tome cuidado com os pares que colidem com tons de acordes. Por exemplo, pares de tríades contendo a nota C soam mal contra a nota B de um acorde G. Neste capítulo, vou me concentrar em pares de tríades que soam muito bem, mostrando como superar os limites sem criar dissonância.

Se você for um músico de rock ou jazz, haverá pares de tríades que se adaptam ao seu estilo. A informação neste capítulo é completa, mas mesmo uma leitura rápida irá aprimorar a forma como você toca arpejos.

Pares de Tríades Maiores

Um dos pares de tríades mais comuns contêm tríades construídas sobre os acordes IV e V da tonalidade maior, por exemplo, C Maior e D Maior no tom de G.

Antes de abordar as sonoridades, vamos olhar para uma maneira simples de mapear os pares de tríades.

Estes diagramas do braço da guitarra usam três cordas de cada vez para localizar tríades de C Maior (marcadores pretos) e de D Maior (marcadores brancos). Você pode encontrar várias formas de tríade nestes diagramas do braço da guitarra aproximando-se dos grupos de três cordas de todos os ângulos, usando combinações diferentes de uma nota e duas notas por corda.

Pares de tríades de C e D nas cordas 6, 5 e 4

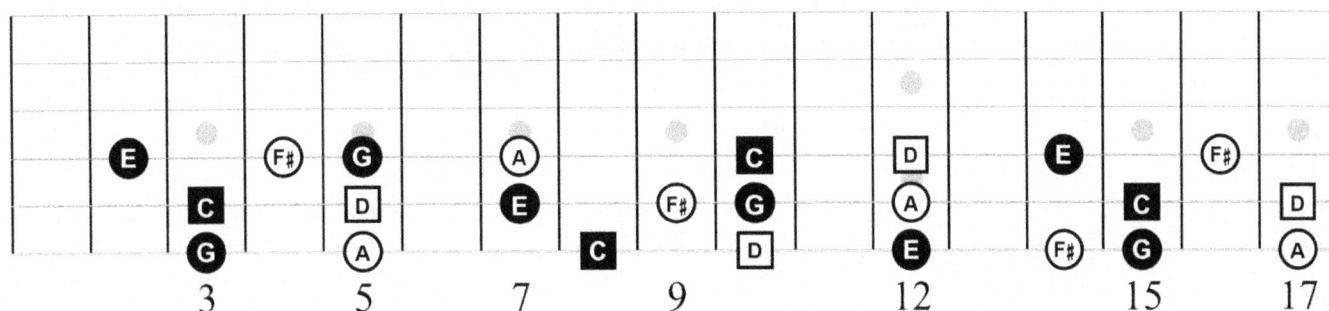

Pares de tríades de C e D nas cordas 5, 4 e 3

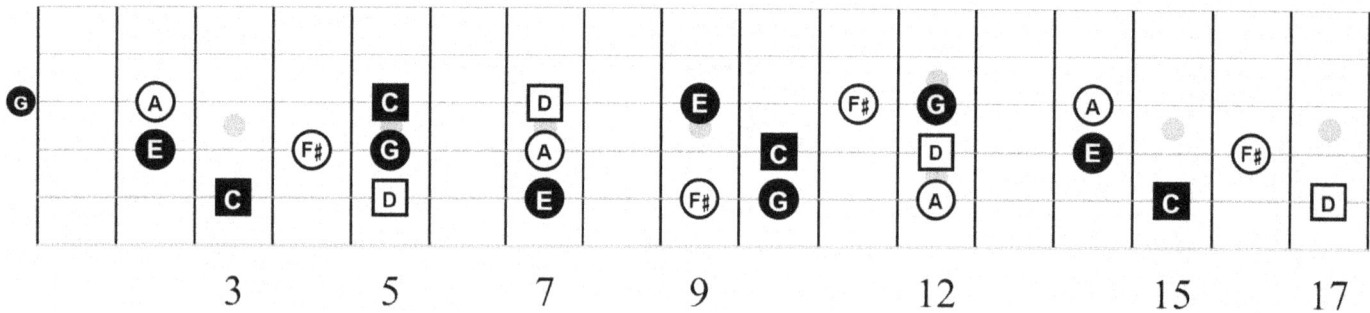

Pares de tríades de C e D nas cordas 4, 3 e 2

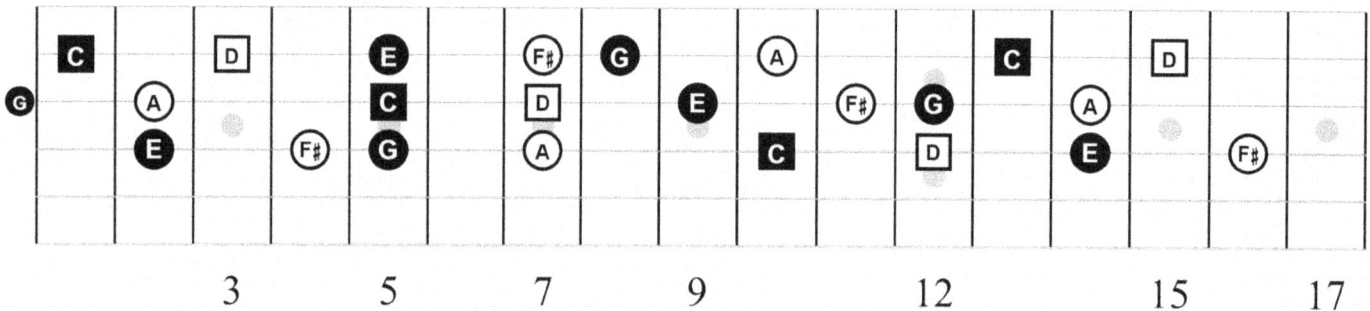

Pares de tríades de C e D nas cordas 3, 2 e 1

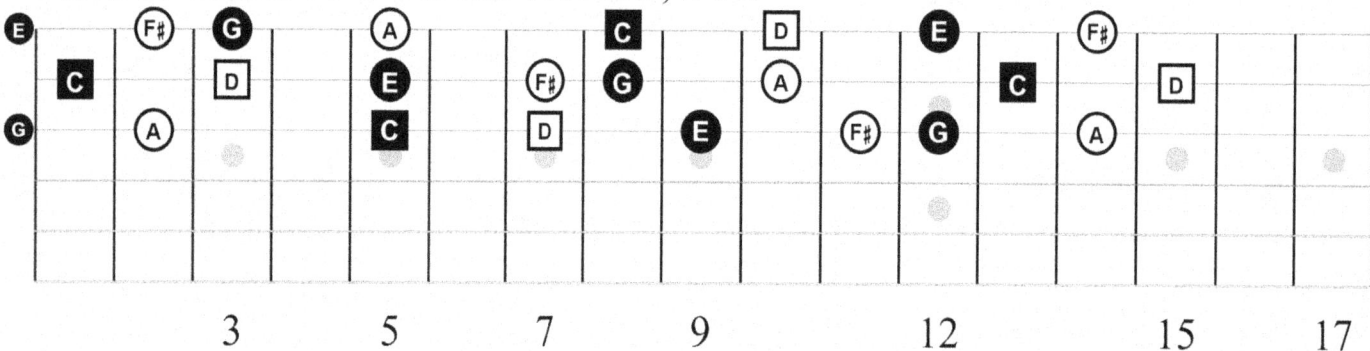

Ao tocar pares de tríades sobre partes rítmicas, preste atenção às notas que *não* pertencem a cada acorde subjacente, porque estes são os tons *"que dão cor"* e que determinam o quão bem um par de tríades se adapta ao acorde da base.

É mais comum aplicar os acordes IV/V sobre os acordes II, IV e V de um tom.

Sobre um acorde de C no tom de G, o par de tríades C/D cria um som lídio, pois as notas combinadas soletram os graus 1, 2, 3, #4, 5, 6 de C lídio. A tríade de C contém as notas 1, 3 e 5, e a tríade de D contém as extensões 9, #11 e 13 (2, #4 e 6) do acorde C.

Quando tocado sobre um acorde D, as tríades de C e D implicam um som modal de D Mixolídio (1 2 3 4 5 6 b7), com seis dos graus do modo. A tríade de C contém o b7, 9 (2) e 11 (4) e a tríade de D contém 1, 3 e 5. Diz-se que o 4 (11) colide com o 3 da tríade de D, mas tocar para dentro e para fora dos pares de tríades não cria a mesma dissonância que uma longa nota melódica poderia criar.

Sobre um acorde A Menor, o par de tríades C/D soletra a tonalidade dórica com os graus 1, b3, 4, 5, 6 e b7 de A dórico representados.

Vamos usar o formato de três cordas destas tríades como ponto de partida para algum trabalho prático.

O Exemplo 1a usa tríades D e C sobre um acorde C. Cada unidade de quatro notas começa com um movimento ascendente para tirar vantagem de um *sweep* descendente da corda A à G. Você pode repetir esta forma usando qualquer um dos grupos de três cordas.

Mantenha uma inclinação para baixo com a palheta ao longo deste exercício e use o dedo indicador da mão que digita as notas para cada uma das mudanças de posição.

Exemplo 1a:

Ao tocar apenas um fragmento da tríade de C Maior sobre o acorde (como mostrado no Exemplo 1b), o som lídio é perdido, pois não há nada para identificar o acorde C da base como um acorde I, IV ou V.

Exemplo 1b:

Usando as mesmas formas do Exemplo 1a (desta vez sobre um acorde D), o Exemplo 1c é tocado em grupos quintinas. Você pode desenvolver um bom *feeling* para quiálteras como essas, tocando a frase inteira uniformemente sem considerar quais notas caem nas batidas e, em seguida, pratique *apressando* cada desenho, de modo que o primeiro de cada grupo de cinco caia em uma batida. Introduza o metrônomo apenas depois de ter seguido os passos anteriores.

Exemplo 1c:

Agora vamos explorar a tonalidade dórica usando tríades IV e V sobre o acorde II (menor).

O Exemplo 1d mostra como conectar diferentes grupos de três cordas, em vez de se mover horizontalmente ao longo do braço da guitarra. Os pares de tríades são usados nos grupos de cordas um, dois e três, bem como nas cordas quatro, cinco e seis.

Nos grupos restantes de três cordas, apenas um par que desliza é utilizado em cada um deles. Ao aprender as formas que existem em todos os grupos de cordas, você estará livre para se mover verticalmente e horizontalmente para aonde quiser.

Exemplo 1d:

Tríades em cada par não precisam ser usadas em igual medida ou sempre alternadas no contratempo. O Exemplo 1e começa com quatro notas de uma tríade de D, depois três notas de uma tríade de C. Fazer um ciclo destas sete semicolcheias cria uma sensação melódica polirrítmica. No final do *lick*, apenas três notas da tríade de D e duas da tríade de C são usadas para evitar previsibilidade.

Exemplo 1e:

Desafiar as expectativas também pode ser feito de maneiras mais sutis. Usando quatro cordas para cada tríade, o Exemplo 1f tece dentro e fora de porções iguais das tríades de C e D, mas inclina o equilíbrio a favor da tríade de C com nove de catorze notas no compasso dois.

Cada nota na corda D é digitada com o terceiro dedo, que também irá rolar no compasso um, batidas 1 e 2.

Exemplo 1f:

Com a palhetada sweep de *Desenhos de velocidade* do meu livro anterior, *Palhetada Sweep – Estratégias e Velocidade*, pares de tríades podem ser criados com desenhos de maior tamanho também.

Desenho de Velocidade de C Maior 1

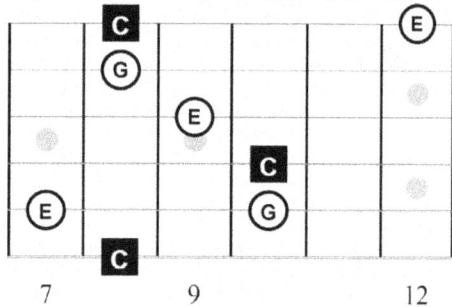

Desenho de Velocidade de C Maior 2

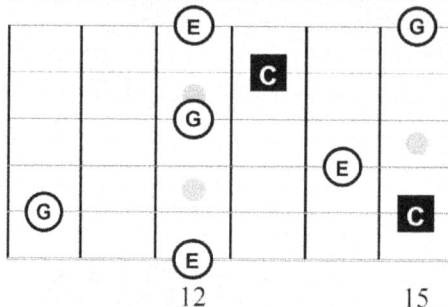

O Exemplo 1g usa o desenho mais baixo da tríade de C, o desenho mais alto da tríade de D e faz a ponte entre as duas formas intermediárias.

Exemplo 1g:

Pares de Tríades Menores

Tríades menores vizinhas como os acordes II e III da escala maior formam outra tríade popular que é utilizada por muitos improvisadores contemporâneos de Jazz e Fusion.

No tom de G Maior, as tríades menores adjacentes são A Menor e B Menor, e são mapeadas como segue:

Pares de tríades de Am e Bm nas cordas 6, 5 e 4

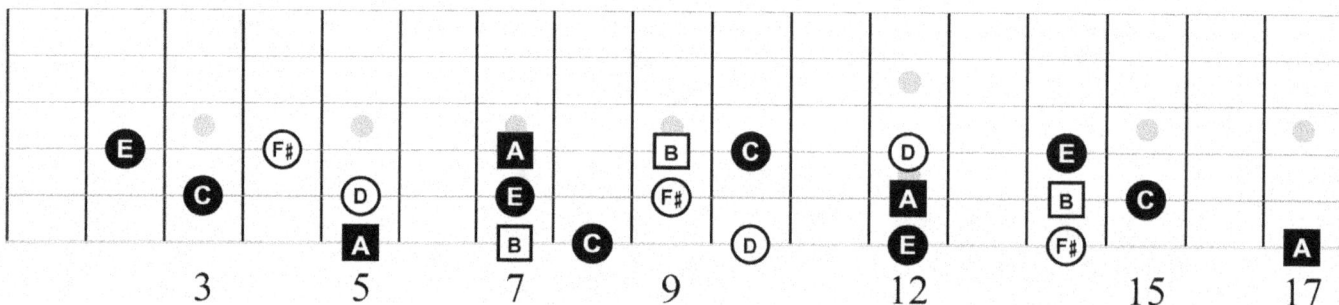

Pares de tríades de Am e Bm nas cordas 5, 4 e 3

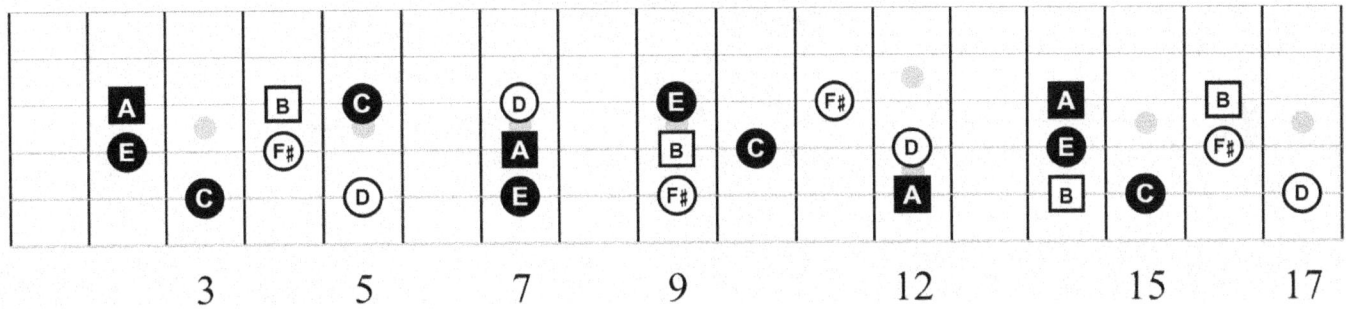

```
          A       B  C         D       E       F#        A       B
          E       F#          A       B  C           D       A       F#
              C       D       E       F#          A       B  C       D
          3       5       7       9           12          15      17
```

Pares de tríades de Am e Bm nas cordas 4, 3 e 2

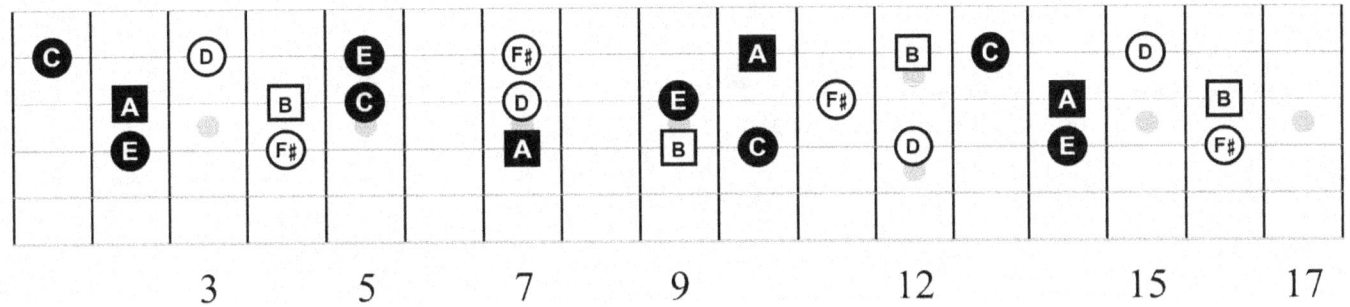

```
 C       D       E       F#              A       B  C       D
     A       B       C       D       E       F#      A       B
     E       F#          A       B  C       D       E       F#
          3       5       7       9           12          15      17
```

Pares de tríades de Am e Bm nas cordas 3, 2 e 1

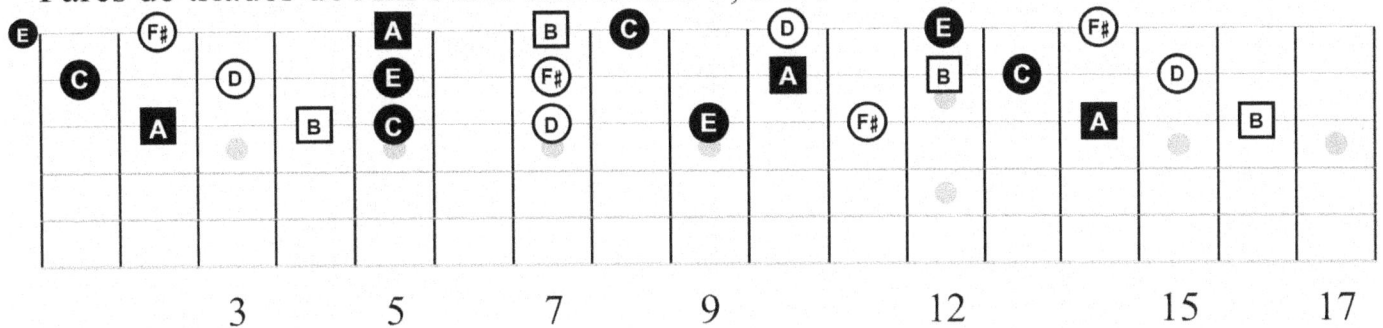

```
 E   F#          A       B  C       D       E       F#
 C       D       E       F#      A       B  C       D
     A       B   C       D       E       F#      A       B
          3       5       7       9           12          15      17
```

Sobre um acorde A Menor, o par de tríades Am (A C E) e Bm (B D F#) cria uma tonalidade dórica de 1 2 b3 4 5 6, devido à presença do F# (a sexta maior do modo dórico). Este par de tríades não contém o b7 de A Dórico, mas inclui a nona (B).

O Exemplo 1h demonstra uma maneira fácil de passar pelas oitavas usando tríades menores que se deslocam por duas cordas. Esta forma também pode ser facilmente aplicada aos pares de tríades maiores.

Exemplo 1h:

Usando um layout mais vertical, o Exemplo 1i cria um *lick* dórico de pares de tríades entre as casas 7 e 12, evitando usar o mesmo desenho duas vezes seguidas.

Exemplo 1i:

Sobre um acorde B menor, o par de tríades A Menor/B Menor evoca o modo frígio (1 b2 b3 4 5 b6 b7) com a nota C na tríade de A Menor fornecendo a segunda menor de B Frígio.

Em B Frígio,

A tríade de A Menor fornece A (b7) C (b2/b9) e E (4/11)

A tríade de B Menor fornece B (1) D (b3) e F# (5)

No Exemplo 1j, a tensão da segunda menor dissonante é liberada sempre que o *lick* se move de volta para tons de acordes da harmonia de B Menor. Este é um gosto adquirido, por isso experimente para ver o que acha.

Exemplo 1j:

O combo A Menor/B Menor funciona bem sobre um acorde de C maior para delinear o modo lídio e inclui os tons 1, 2, 3, #4, 6 e 7.

Sobre um acorde de D maior, as tríades A Menor/B Menor delineiam uma sonoridade mixolídia e incluem os tons 1, 2, 3, 5, 6, e b7.

Experimente com pares de tríades maiores e menores sobre ambas as bases em C Maior e D Maior, alternando entre eles em sua improvisação.

O exemplo 1k mostra que mesmo as melodias de duas cordas podem criar o som do par de tríades. Este *lick* é tocado sobre um acorde de C maior para criar um som lídio, mas também funciona bem sobre um acorde de D maior.

Exemplo 1k:

Exemplo 1l, que é tocado sobre um acorde D maior, vai soar muito bem sobre acordes C maior ou D maior. Cada unidade de seis notas usa três palhetadas para cima e três palhetadas *sweep* para cima com palhetadas para baixo.

Exemplo 1l:

Você não costuma ouvir pares de tríades sobre o acorde VII em um tom maior, mas o par A Menor/B Menor sobre F#m7b5 cria um som único enquanto evita a dissonância do b2/b9 de F# Lócrio (1 b2 b3 4 b5 b6 b7).

Em contexto, a tríade de A Menor contém os intervalos b3, b5 e b7 enquanto o B Menor inclui o 4/11, b6/b13 e 1 do acorde subjacente.

Tocado em grupos melódicos subdivididos em cinco semicolcheias, o Exemplo 1m tem uma sensação melódica deslocada, com mudanças de tríade movendo-se mais longe dos contratempos até reiniciar no compasso dois, batida 2.

Exemplo 1m:

Pares de Tríades Mistas

Parear tríades de diferentes tipos de acordes permite expressar sons que se ramificam dos exemplos vizinhos de maior/maior e menor/menor para implicar escalas e modos além da escala maior.

Ainda no tom de G Maior, sobre um E menor (acorde VI), um par das tríades VI (E Menor) e V (D Maior) funciona bem. As tríades de E Menor e de D Maior se combinam para nos dar o 1, 2, b3, 4, 5, b7 de E Eólio. Esta é a tonalidade criada pela canção da Cher que mencionei na introdução!

E Menor fornece E (1) G (b3) e B (5)

D Maior fornece D (b7) F# (2/9) e A (4/11)

O Exemplo 1n apresenta o par de tríades E Menor/D Maior em inversões descendo as três primeiras cordas.

Exemplo 1n:

O Exemplo 1o toma uma direção ascendente usando uma abordagem de quatro cordas e agrupamentos de quintinas.

Exemplo 1o:

Os dois *licks* anteriores também soam interessantes sobre um acorde menor, já que o par de tríades E Menor/D Maior contém as notas de A dórico sem a terça (C).

Um par misto de A Menor e B Maior (B, D#, F#) pode ser usado para criar o som de E Harmônica Menor (1, 2, b3, 4, 5, b6, 7). Apenas o G (b3) não está incluso no par.

A Menor inclui as notas A (4/11) C (b6/b13) e E (1)

B Maior inclui as notas B (5) D# (7) e F# (2/9)

O Exemplo 1p é escrito no estilo de Yngwie Malmsteen, usando sua abordagem de tocar tríades de três cordas. Se você preferir a palhetada por dentro, você pode acertar a corda G em cada tríade com uma palhetada para cima e mudar de direção voltando para a corda B.

Exemplo 1p:

Sobre um acorde B Maior este par delineia o modo *Frígio Dominante* (1 b2 3 4 5 b6 b7) perfeitamente. A tríade de A Menor cria tensão e a tríade de B Maior traz resolução.

A Menor contém A (b7) C (b9) e E (11/4)

B Maior contém B (1) D# (3) e F# (5)

Usando desenhos de seis cordas para ambas as tríades, o Exemplo 1q irá testar a sua capacidade de ser suave e preciso, então invista tempo praticando e use a palhetada por dentro e *sweep*.

Exemplo 1q:

Outro par de tríades mistas para a sonoridade de E Harmônico Menor é composto pelas tríades E Menor e D# Diminuto (D#, F#, A). Construído sobre a sétima maior do harmônico menor, a tríade de D# Diminuto funciona como um acorde B7 sem a tônica. Sobre um acorde menor de E, isso cria um som interno/externo à medida que a tríade diminuta cria tensão e a tríade menor a libera.

Exemplo 1r:

No Exemplo 1s, um par de tríades incomuns de F# diminuto (F# A C) e E Maior (E G# B) é usado sobre um acorde F#m7b5.

Dessa vez, estamos tratando o acorde F#m7b5 como o acorde VI de A Menor Melódica (1, 2, b3, 4, 5, 6, 7), e usando tríades adjacentes a partir dessa escala.

O G# na tríade de E Maior é uma nona maior (em vez da nona menor mais comum) de F#m7b5 e cria uma escala natural lócria 9. As duas tríades se combinam para criar o som de um arpejo F#m11b5.

Ouvidas sobre um F#m7b5, as duas tríades se combinam para nos dar os intervalos,

F# diminuto: F# (1) A (b3) C (b5)

E Maior: E (b7) G (9) B (4/11)

Esta sonoridade é um gosto adquirido se você nunca tocou na melódica menor antes, mas é muito eficaz em criar uma tonalidade misteriosa e não resolvida.

Exemplo 1s:

Qualquer acorde dominante (como D7) também pode ser tratado como o acorde IV de A Menor Melódico. Ao parear uma tríade de D Maior (D F# A) com uma tríade de C aumentado (C, E, G#), D Lídio Dominante (lídio com um b7) está implícito.

Sobre D7, as tríades dão-nos os intervalos,

Tríade de D maior: D (1) F# (3) A (5)

Tríade de C aumentado: C (b7) E (9) G# (#11)

Os músicos de jazz adoram usar este som sobre acordes de sétima dominante inalterados, porque a quarta aumentada (#11) adiciona cor sem conflitar com a terça do acorde.

Exemplo 1t:

Para um som de acorde alterado interessante, parear tríades maiores separadas por uma quinta diminuta funciona muito bem! Embora não seja um par de tríades mistas *por si só*, o Examplo 1u combina tríades de D Maior e Ab Maior para um som colorido e simétrico que funciona perfeitamente sobre um acorde D7.

Os tons de ambas as tríades (D, F#, A e Ab, C, Eb) pertencem à escala meio diminuta (D Eb F F# G# A B C) com G# sendo o *equivalente enarmônico* de Ab (mesmo tom, nome diferente).

Combinar estas duas tríades implica um acorde melhor descrito como D7b9(#11). Tente isso sobre o acorde V em uma progressão IIm-V-I para construir tensão antes de uma resolução doce.

Exemplo 1u:

Tarefas do capítulo: Pares de Tríades

_ Pratique cada um dos pares de tríades deste capítulo sobre as faixas de apoio aplicáveis

_ Tome nota dos seus pares favoritos sobre vários acordes

_ Compare os seus favoritos com a tabela do final do Capítulo Dois

_ Veja que outros pares de tríades você pode inventar, seja da escala maior ou de outras

_ Escreva os resultados, anotando o que você gosta ou não gosta em cada um deles

_ Concentre-se em criar *licks* com os seus favoritos, posteriormente aplicando à improvisação

Estudo de Pares de Tríades

Fechamos o capítulo com uma peça de estudo de pares de tríades. Passando pelos acordes E Menor, C Maior, A Menor e B Maior, o estudo usa pares de tríades que funcionam sobre cada acorde. Emule esta abordagem com outras progressões de acordes ou bases improvisadas.

Exemplo 1v:

Capítulo Dois: Empilhamentos Ousados e Substituições

Neste capítulo, vamos olhar para outra forma de reutilizar tríades para criar novos sons e como você pode abordar essas opções no braço da guitarra.

Empilhamento de Tríades

O empilhamento de tríades é um processo onde uma tríade base é usada como ponto de partida para uma série de outras tríades construídas em terças que podem ser usadas e combinadas sobre o acorde original.

Por exemplo, começando com uma tríade de C Maior no tom de G Maior (C E G), podemos repetidamente adicionar terças diatônicas ao topo, e remover a nota na parte inferior para continuar construindo novas tríades:

- C-E-G (Tríade de C maior)

 - E-G-B (Remover o C e adicionar um B dá-nos uma tríade de E menor)

  - G-B-D (Remover o E e adicionar um D dá-nos uma tríade de D maior)

   - B-D-F# (Remover o G e adicionar um F# dá-nos uma tríade de B menor)

Tocar tríades de C Maior e E Menor sobre um acorde C implica um arpejo Cmaj7. Adicionar uma tríade de G Maior ao par sugere Cmaj9, e adicionar uma tríade de B Menor sugere Cmaj9#11 – um som lídio forte. Quanto mais você continuar esse "empilhamento", menos estável a extensão se torna à medida que você se afasta do acorde original, mas, ao conectar diferentes tríades em pequenos pedaços, um som de arpejo rico pode ser imposto.

Exemplo 2a:

Uma reflexão sobre *evitar* notas

Assim como os tons de acordes fortalecem a conexão entre harmonia e melodia, algumas notas minam essa robustez ao criar dissonância contra os tons de acordes. Tais graus são por vezes referidos pelos improvisadores como "notas a serem evitadas". No entanto, em vez de insistir que você nunca tocará essas notas, eu aconselho resolvê-las em tons de acordes e ter cuidado com a ênfase que você dá a elas. Se você está apenas improvisando sobre uma linha de baixo, ou acordes ambíguos como *power chords* "tônica-quinta", então nenhuma nota está fora dos limites.

Ao empilhar e substituir tríades sobre vozes de acordes específicos, é útil estar ciente de evitar notas para que você possa implicar extensões musicais agradáveis. Alguns acordes suportam várias extensões com tríades empilhadas, enquanto outros irão revelar confrontos mais cedo, parando o processo se houver muita dissonância.

A tabela a seguir lista os empilhamentos de cada tríade na escala com ~~tachado~~ para denotar as notas a evitar. A coluna da direita descreve o som de arpejo combinado criado por cada empilhamento, excluindo as tríades eliminadas. Mais tarde no livro, vamos ver algumas formas de arpejo que evitam conflitos usando omissões.

Tríade de tônica	Tríade de terça	Tríade de quinta	Tríade de sétima	Soa como...
G Maior	B Menor	D Maior	~~F# Diminuto~~	Gmaj9
A Menor	C Maior	E Menor	G Maior	Am11
B Menor	D Maior	~~F# Diminuto*~~	~~A Menor*~~	Bm7
C Maior	E Menor	G Maior	B Menor	Cmaj9#11
D Maior	F# Diminuto	A Menor	~~C Maior**~~	D9
E Menor	G Maior	B Menor	D Maior	Em11
F# Diminuto	A Menor	~~C Maior***~~	~~E Menor***~~	F#m7b5

* A segunda menor (C) nestas tríades não se posiciona bem como uma nota melódica sobre um acorde B Menor. Use-a apenas para um som de passagem rápida.

** A nota G na tríade C é uma nota a evitar sobre um acorde D. Usando acordes contendo a nota F# (D, D7, D9), você pode empilhar tríades até o A Menor para um som D9. Para voicings que omitem a terça (*power chord* D5, D7sus4, D11), empilhe as tríades de A Menor e C Maior para implicar um arpejo D11 sem qualquer dissonância.

*** A segunda menor (G) nessas tríades soa muito mal sobre a diminuta ou meio diminuta. O modo Lócrio natural 9 faz um empilhamento muito melhor.

Os próximos sete exemplos mostram alguns licks de empilhamento de tríades sobre acordes de sétima, com base na tabela acima. Eu gosto de mudar através de tríades empilhadas várias vezes para criar um efeito em cascata, mas você pode experimentar com formas de maior tamanho de qualquer uma das tríades que você deseja sobrepor sobre os acordes de acompanhamento.

Exemplo 2b: Gmaj9 implícito com tríades empilhadas

Exemplo 2c: Am11 implícito com tríades empilhadas

Exemplo 2d: Bm7 implícito com tríades empilhadas

Exemplo 2e: Cmaj9#11 implícito com tríades empilhadas

O Exemplo 2f implica um arpejo D9 no compasso um e um D11 no compasso dois. A tríade de C Maior é usada no compasso dois, porque o voicing do acorde (D7sus4) inclui a nota G.

Exemplo 2f: D9 e D11 implícitos com tríades empilhadas

Exemplo 2g: Em11 implícito com tríades empilhadas

Exemplo 2h: F#m7b5 implícito com tríades empilhadas

Em outras escalas como as menores harmônicas e melódicas, tríades diminutas podem se estender de diferentes maneiras para delinear arpejos dim7 (1, b3, b5, bb7) ou m11b5 (1, b3, b5, b7, 9, 11).

Ao tratar F#dim7 como um acorde VII em G Menor Harmônica, o Exemplo 2i pode ser tocado sobre qualquer acorde de sétima diminuta que começa em F#, A, C ou Eb, incluindo o D# de E Harmônica Menor. São todas as inversões uns dos outros porque este acorde contém intervalos de terças menores exclusivamente.

Exemplo 2i: F#dim7 implícito com tríades empilhadas

Usando o modo Lócrio natural 9, o empilhamento das tríades é possível até três tons acima da tríade original, delineando o arpejo F#m11b5, referido no Exemplo 1s.

Exemplo 2j: F#m11b5 implícito com tríades empilhadas

Tríades Empilhadas Verticalmente

Muitas vezes organizo tríades empilhadas, tanto acima e abaixo umas das outras, em pares de cordas para criar licks de posição com palhetada *sweep*. Ouvi primeiro Richie Kotzen usar esse tipo de ideia e decidi explorar para quais outros graus de escala isso poderia funcionar.

Cada empilhamento vertical contém a tríade natural nas cordas E e A graves, a tríade de sétima nas cordas D e G, concluindo com a tríade de quinta nas cordas B e E agudas.

O Exemplo 2k é o padrão original de Kotzen, que cria um som de arpejo Am11 sobre o acorde de acompanhamento II. Cada par de cordas é digitado com os dedos dois, um e quatro. Mova o *lick* para cima em uma quinta justa para produzir o mesmo efeito para um arpejo Em11 sobre um acorde VI (Exemplo 2p).

Exemplo 2k:

Passando pelos graus do acorde de G Maior em ordem, o acorde I não produz uma pilha de tríades vertical bem-sucedida, por causa da dissonante tríade de F# diminuto sobre o acorde G Maior. Em vez disso, troco a nota C por um B, obtendo um som de G Maior 9 com a mesma mecânica de palhetada que os outros desta série.

Exemplo 2l: Empilhamento vertical personalizado

(G triad)   (Bm7)   (D triad)

Um empilhamento vertical de tríades construída em torno de B Frígio resulta que a nota a evitar seja usada duas vezes nas tríades de B Menor, A Menor e F# Diminuta. Em vez disso, o gêmeo mau do modo – B Frígio Dominante (da escala E Menor Harmônica) – cria um belo som escuro quando empilhamos tríades de B Maior, A Diminuto e F# Diminuto para implicar um acorde B7b9.

Por que isso funciona mesmo que também haja duas notas C nesta pilha? Como um acorde dominante funcional, o trabalho do B7b9 é construir a tensão que irá resolver no acorde I (E menor, neste caso).

Exemplo 2m:

(B triad)   (Am triad)   (F# dim triad)

A pilha de acordes IV é outra onde eu modifico o layout, trocando as notas 1-2-1-2-1-2 (por formação de corda) por 2-1-2-1-2-1 para criar uma mudança de mão mais suave (na digitação das tríades mais graves para as médias).

Exemplo 2n:

(C triad)   (Bm triad)   (G triad)

32

Para os empilhamentos de acordes V e VI, voltamos ao layout 1-2 em cada par de cordas. O Exemplo 2o inclui a décima primeira do acorde (G) na casa 12 da corda G, apenas no primeiro compasso. Se esta nota soar muito suspensa para seus ouvidos, substitua-a pela nota F# uma casa abaixo, como no compasso dois.

Exemplo 2o:

O Exemplo 2p é o mesmo que o Exemplo 2k, mas desta vez transpondo em uma quinta acima para trabalhar sobre acordes de E menor.

Exemplo 2p:

Como uma opção em *vamps* de acordes meio-diminutos, sugiro novamente aventurar-se no território Lócrio natural 9, para empilhar tríades de F# diminuto, E Maior e C Aumentado. Para todos os fãs de *Sex and the City*, as primeiras seis notas deste desenho (F#m11b5 quando combinadas) são as que o compositor Danny Elfman usou no final do memorável tema de abertura da série de TV.

Exemplo 2q:

Empilhamento de Arpejos de Sétima

Quanto maior em tamanho um arpejo implícito se torna, mais maneiras há de cortá-lo em pedaços menores no braço da guitarra. Por exemplo, um arpejo Am11 (A, C, E, G, B, D) poderia ser implícito com um par de tríades A Menor/G Maior, um empilhamento de tríades A Menor/C Maior/E Menor/G Maior e – como conselho final neste capítulo – um empilhamento de sétimas.

O Exemplo Am11 pode ser dividido em Am7 (A, C, E, G), Cmaj7 (C, E, G, B) e Em7 (E, G, B, D). Gosto de alternar o primeiro e o último dos três, através de duas oitavas.

O Exemplo 2r usa arpejos de Am7 (preto) e Em7 (cinza), tocados na ordem de intervalo ascendente de b7, 1, b3, 5, b7 e na ordem descendente oposta. As notas partilhadas são pintadas em duas cores.

Am7 e Em7

A sobreposição de notas E e G em ambos os arpejos produz um efeito sequenciado, pois cada arpejo ascendente no par termina em uma nota mais alta do que a seguinte começa. Na descida, cada arpejo é concluído com uma nota mais baixa do que a inicial de um dos arpejos seguintes.

Exemplo 2r:

A mesma abordagem pode ser aplicada no acorde Em11, usando arpejos Em7 e Bm7 para delinear o arpejo maior. Tente tocar o Exemplo 2r uma quinta justa acima usando os desenhos abaixo.

Em7 e Bm7

Do acorde IV de G Maior, um acorde Cmaj9#11 (C, E, G, B, D, F#) pode ser dividido nos desenhos de arpejos de Cmaj7, Em7 e Gmaj7. Usar o Cmaj7 (marcadores pretos) e Gmaj7 (marcadores cinzas) resulta em um *lick* em C Lídio como o Exemplo 2s.

Cmaj7 e Gmaj7

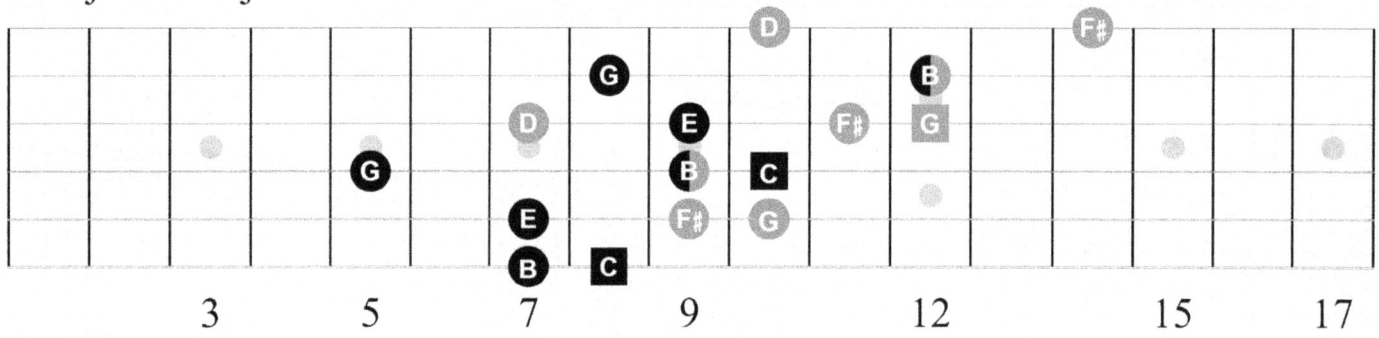

Exemplo 2s:

(Cmaj7 arp)   (Gmaj7 arp)   (Cmaj7 arp)   (Gmaj7 arp)

Para evocar as extensões superiores de acordes dominantes com empilhamentos de arpejos de sétima, tente esta abordagem sobre *power chords*, dominantes suspensos ou voicings sem a terça. No Exemplo 2r, usamos arpejos Am7 e Em7 para criar um arpejo Am11. Usado sobre uma nota de baixo D, os dois arpejos de sétima contornam um acorde D13sus4 estendido. Você pode expressar este acorde simplesmente adicionando uma nota B a um acorde D7sus4:

D13sus4

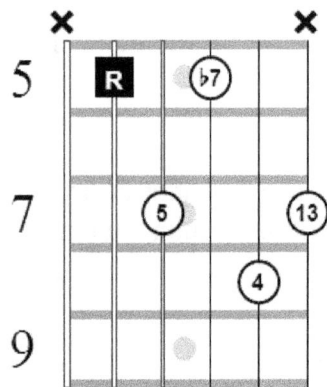

As notas de Am7 fornecem o 5, b7, 9 e 11, enquanto o Em7 fornece o 9, 11, 13 e a tônica de D13, para produzir um som que realça as extensões superiores.

Exemplo 2t:

O acorde I não recebeu muita atenção nesta seção, então aqui está uma maneira de implicar um acorde estendido como Gmaj13 ao repetidamente empilhar até que você encontre a melhor opção. Pelo fato da décima primeira (C) ser uma nota a evitar, a minha abordagem é continuar empilhando arpejos de sétima até me mover além da nota de problemática.

- G, B, D, F# = Gmaj7

- B, D, F#, A = Bm7

- D, F#, A, C = D7

- F#, A, C, E = F#m7b5

- A, C, E, G = Am7

- C, E, G, B = Cmaj7

- E, G, B, D = Em7

Os arpejos de Am7 e Cmaj7 são descartados porque contêm notas C, mas o arpejo Em7 fornece uma maneira de acessar a extensão mais alta (décima terceira) indo além da nota a ser evitada.

Exemplo 2u:

Arpejos com extensões superiores são abordados com mais detalhes no Capítulo Cinco, mas, por enquanto, aproveite para criar os sons de acordes estendidos, conectando as unidades de arpejos menores contidas neste capítulo.

Resumo de Pares e Empilhamentos

Para resumir as opções melódicas para criar linhas com arpejos, aqui estão os meus favoritos, pois se aplicam ao tom de G Major e também a algumas substituições que foram discutidas até agora. Quando tiver trabalhado todo o material desta parte do livro, monte tabelas como esta que incluam as suas opções favoritas.

Opções Diatônicas Favoritas do Chris:

Acorde Base	Pares de Tríades	Pilha de Tríades	Pilha Vertical	Pilha de Sétima
G Maior	-	G, Bm, D	G, Bm7_____*, D	Gmaj7, Em7
A Menor	C/D, Am/Bm	Am, C, Em, G	Am, G, Em	Am7, Em7
B Menor	Am/Bm	Bm, D	-	-
C Maior	C/D, Am/Bm, Em/D	C, Em, G, Bm	C, Bm, G	Cmaj7, Gmaj7
D Maior	D/C, Am/Bm	D, F#dim, Am	D, C, Am	Am7, Em7
E Menor	Em/D	Em, G, Bm, D	Em, D, Bm	Em7, Bm7
F# Diminuto	Am/Bm	F#dim, Am	-	-

*um fragmento de acorde substituto como explicado no Exemplo 21.

Substituições Favoritas:

Acorde Base	Pares de Tríades	Pilha de Tríades	Pilha Vertical	Pilha de Sétima
B7	B/Am, B/C	B, D#dim, F#dim, Adim, Cdim	B, Adim, F#dim	-
D7	D/Caug, D/Ab	D, F#dim, Am, Caug	D, Caug, Am	D7, Am(maj7)
F#m7b5	F#dim, E	F#dim, Am, E, Caug	F#dim, E, Caug	F#m7b5, Cmaj7#5

Tarefas do capítulo: Empilhamentos e substituições

_ Toque uma faixa de apoio de um acorde no tom de G Maior a partir do download de áudio

_ Experimente cada uma das opções da tabela de resumo

_ Percorrendo as opções do livro ou escrevendo-as numa página separada, anote as suas opções favoritas

_ Construa seus próprios *licks* usando as escolhas que você indicou acima

_ Repita com os outros acordes

Capítulo Três: Sequenciamento com Confiança

Uma sequência melódica é a repetição de um motivo em um tom mais agudo ou mais grave. Na reprodução de escalas, as sequências são uma forma comum de quebrar um fluxo de notas consecutivas, mantendo uma direção geral ascendente ou descendente.

As sequências são geralmente descritas de uma forma que reflete o conteúdo de cada unidade ou etapa. Por exemplo, uma sequência de 1-2-3-4 ou de *quartas ascendentes* numa escala de G Maior teria as notas subindo quatro notas a partir de cada nota na escala:

G A B C – A B C D – B C D E – C D E F# etc.

Sequenciando Arpejos

Para arpejos, o sequenciamento é um método eficaz de quebrar cadeias de tons de acordes consecutivos que geralmente são palhetados para cima e para baixo com rapidez. Uma vez que o layout de uma nota por corda de muitos desenhos de arpejo os torna potencialmente desafiadores para fazer sequências, vamos executar algumas estratégias úteis para determinar quais formas funcionam melhor para quais sequências.

Quartas Ascendentes e Descendentes

Uma das minhas formas de arpejo preferidas para ascender e descer quartas é o conceito do empilhamento de tríades verticais usado no Capítulo Dois. Muitos guitarristas irão abordar esta sequência com palhetada alternada, mas eu gosto de aproveitar as vantagens da palhetada *sweep* e dos legatos sempre que possível. Estas técnicas dão à sequência uma qualidade mais suave e soam menos como um exercício de palhetada.

O Exemplo 3a ascende em passos de quatro notas usando uma pilha de tríades de E Menor, D Maior e B Menor. O compasso um, batida 4, começa com uma palhetada para baixo, para imitar a palhetada do ciclo de três batidas anteriores da sequência.

Exemplo 3a:

Mesmo que a sequência funcione em unidades de quatro notas, pode ser divertido fraseá-la em subdivisões de três. Para tentar isto, toque o Exemplo 3b, que tem as mesmas notas e palhetada do exemplo anterior, mas tocado como tercinas de colcheias.

Exemplo 3b:

Usando a mesma pilha de tríades com quartas descendentes, o Exemplo 3c foi construído para aproveitar as palhetadas *sweep* para cima, ao contrário do Exemplo 3a, que foi otimizado para palhetadas descendentes.

Exemplo 3c:

Para formas de tríades maiores e menores regulares, as quartas ascendentes e descendentes podem ser problemáticas. Dê uma olhada nos desenhos de velocidade 1 e 2 para as tríades de E Menor:

Desenhos de Velocidade de E menor 1 e 2

Individualmente, ambas as formas funcionam bem na palhetada *sweep*, mas nenhuma delas é ideal para sequenciar quartas em qualquer direção. Usar o Desenho de velocidade 1 desta forma implica no uso de ligados com troca de corda, e o Desenho de velocidade 2 termina a alguns passos no mesmo dedo que o próximo começaria.

Como alternativa prática, combino as duas formas numa abordagem de mudança de posição que é apresentada no Exemplo 3d. Os compassos um e dois são projetados para a palhetada para baixo, através das quartas ascendentes, com cada grupo de quatro notas terminando em uma palhetada pra cima. Os compassos três e quatro descem pelos mesmos grupos usando uma combinação de subidas, descidas e *pull-offs*. Cada uma das notas em *pull-off* também pode ser tocada com outra palhetada para cima.

Exemplo 3d:

Guitarristas como Yngwie Malmsteen evitam o dilema de sequenciar formas grandes, adotando uma abordagem exclusivamente horizontal à disposição do arpejo. O Exemplo 3e contém dois compassos de quartas ascendentes e dois compassos de quartas descendentes, cobrindo quase toda a escala horizontalmente.

Exemplo 3e:

Com um desenho de C maior de seis cordas e algumas inversões de quatro cordas, o Exemplo 3f combina uma subida e uma descida regulares com uma seção intermediária contendo quartas horizontais descendentes. Lembra guitarristas de rock neoclássico como Jason Becker.

Exemplo 3f:

Terças Ascendentes e Descendentes

Sequências de três notas funcionam bem com arpejos porque só precisamos voltar um passo atrás no início de cada nova unidade. Você pode escolher estes exemplos alternadamente, mas, mais uma vez, eu indiquei uma execução que aproveita todas as oportunidades da palhetada direcional.

O Exemplo 3g usa uma pilha de tríades vertical, centrada em torno de um som C Lídio, usando a mesma digitação para as notas como usado no Exemplo 2n. Os compassos um e dois usam terças ascendentes com um mecanismo de palhetada que se repete a cada três batidas. Os compassos três e quatro descem em terças com uma mecânica separada de palhetada repetida que também se repete depois de três batidas.

Exemplo 3g:

Em tríades comuns, o desenho de C ou o Desenho de velocidade 2 funcionam bem para sequências de terças. O efeito é uma reminiscência do trabalho inicial de Vinnie Moore, embora Vinnie costume palhetar de forma alternada ou cruzada em situações como essa.

Exemplo 3h:

Diferentes guitarristas, muitas vezes, criam suas próprias maneiras de lidar com os meandros da técnica de palhetada. Na década de 1980, Paul Gilbert encontrou uma excelente solução para o incômodo de "rolar" os dedos na execução de arpejos, adotando formas de tríade com salto de cordas. Na figura abaixo, estas formas deslocam o quinto grau da corda B para a corda G.

Desenho de Salto de Corda em D Maior

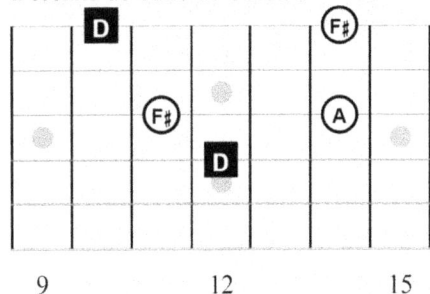

Desenho de Salto de Corda em E Menor

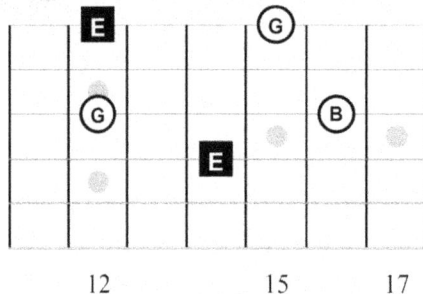

Desenho de Salto de Corda em F# Dim.

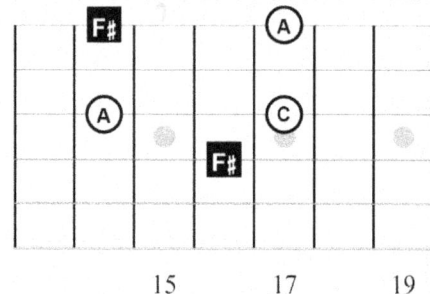

Com desenhos como esses, Gilbert descobriu que conseguia sequenciar com mais facilidade linhas de tríades rápidas como as terças descendentes. O Exemplo 3i usa uma tríade de D Maior, descendo em três passos de três notas antes de uma subida direta de volta para o início. Observe que no retorno ao início, no compasso dois, a segunda iteração começa em uma palhetada pra cima.

Exemplo 3i:

Desenhos com salto de cordas também podem ser usados no meio de sequências mais longas. No Exemplo 3j, um par de unidades de duas cordas conduzem a alguns saltos de cordas nas batidas 3 e 4. Do segundo compasso, batida 2, mais unidades de duas cordas permitem que a sequência continue além da forma de Gilbert.

Exemplo 3j:

Outro método que eu uso para maximizar as vantagens do sequenciamento do salto de cordas é adicionar uma oitava em um conjunto diferente de cordas. No Exemplo 3k, a forma E Menor na posição doze também pode ser encontrada começando na corda B na quinta posição, uma oitava abaixo.

No final da tercina de colcheias do compasso dois, batida 4, a nota E foi reposicionada para a corda G, casa nove, em antecipação ao que vem depois. No compasso três, batida 1, um pequeno fragmento de E Menor nas cordas D e G une as duas formas de salto de cordas para facilitar o acesso à nota E na batida 2, na casa catorze, com o segundo dedo.

Exemplo 3k:

Segundas Alternadas

Em termos de escala, eu geralmente me refiro a esta sequência como uma sequência de "terças", porque consiste em tocar cada nota de escala e sua terça diatônica em pares ascendentes ou descendentes. A escala ascendente de G Maior tocada em terças iria de G a B, A a C, B a D, C a E etc. No sequenciamento de tríades e arpejos, podemos igualmente alternar as notas, mas os intervalos não serão terças como eram na escala. Como tal, vamos chamá-los de "duplas alternadas".

Usando um empilhamento vertical de tríades de E Menor, D Maior e B Menor com as notas E, G, B, D, F#, A, B, D, F#, a ordem de execução ascendente no Exemplo 3l é E para B, G para D, B para F#, e assim por diante. Os compassos três e quatro se movem para baixo através das segundas alternadas. Como em todas as sequências, você pode tocar com a palhetada que eu indico, ou com a boa e velha palhetada alternada.

Exemplo 3l:

Muitas vezes, mudar de corda com a palhetada alternada e um layout de uma nota por corda pode ser um desafio. Não há nada de errado em aceitar um desafio, mas este não seria um livro do Chris Brooks se eu não te oferecesse uma alternativa útil! Confira o Exemplo 3n.

Exemplo 3m:

Nesta versão, cada unidade de quatro notas ocorre em uma posição diferente, levando a ideia até a casa vinte da corda E aguda. Em ambos os sentidos, a palhetada é pensada para aproveitar vários *sweeps* de duas cordas com uma mecânica de palhetar *para baixo, para baixo, hammer-on, para cima.* Preste muita atenção onde as mudanças de posição ocorrem nos compassos três e quatro, pois é necessário algum trabalho rápido com o dedo indicador.

Exemplo 3n:

Sequências de segundas e quintas

Para imitar uma cascata que soa como uma harpa, tente esta sequência de sete notas composta por cinco notas para baixo e duas para cima. Cada unidade começa um grau de acorde inferior do que o passo anterior, e a sequência é usada três vezes antes da parte final do *lick* que começa no compasso dois, batida 1, na última semicolcheia.

Exemplo 3o:

O Exemplo 3p funciona da forma oposta ao exemplo anterior com cinco notas ascendentes e duas notas descendentes em cada unidade da sequência.

Exemplo 3p:

Tapping em Terças

Usando a mão do braço da guitarra para delinear uma inversão de um acorde e a outra mão para executar um *tapping* de extensões, nasce uma abordagem interessante para as terças descendentes e ascendentes. Prevalente nos primeiros álbuns de Greg Howe, esta abordagem pós-Van Halen ao *tapping* funciona começando cada unidade de três notas com um *tap*, então duas notas da mão do braço da guitarra.

Todas as notas da mão do braço da guitarra são executadas por *pull-offs*, *hammer-ons* e *marteladas "do nada"*. Uma martelada do nada é simplesmente um *hammer-on* usado para a primeira nota nova em uma corda, em vez de um legato de uma nota inferior anterior.

Antes de trabalhar no Exemplo 3q, use este diagrama para localizar e fazer o *tapping* nas notas cinzas com a sua mão que segura a palheta. Você só vai precisar de um dedo para o *tapping*, como o indicador ou o dedo médio.

Sequência de Tapping em C Maior

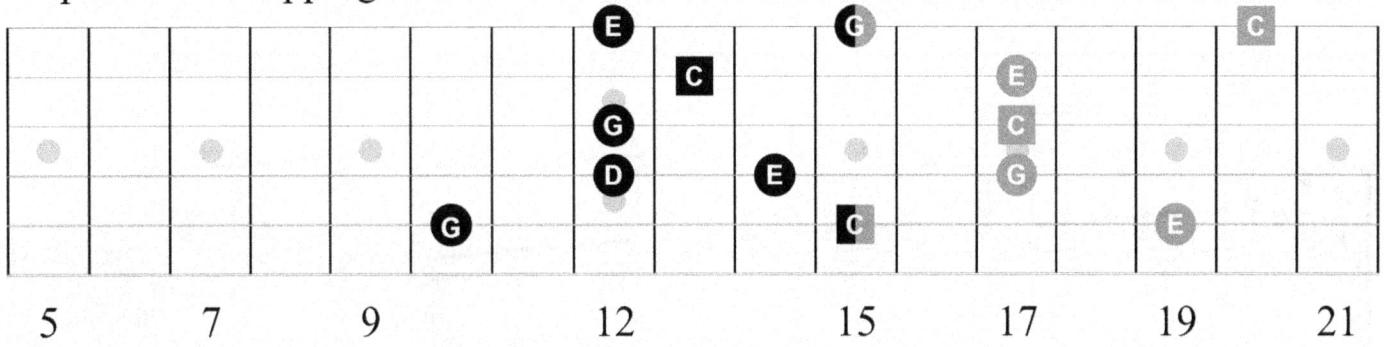

Exemplo 3q:

Ⓣ = tap com a mão esquerda (hammer-on do nada)

Aqui está o meu toque na abordagem de Greg Howe: tocar as notas de uma tríade diferente para criar um som de arpejo híbrido rápido. No Exemplo 3r você usará o mesmo desenho de tríade em ambas as mãos, mas o registro superior irá delinear uma tríade de G Maior entre as notas digitadas da tríade de C Maior.

Exemplo 3r:

Deslocamento e Permutação

O deslocamento rítmico é uma ferramenta poderosa para obter o máximo das sequências e multiplicar os sons disponíveis de uma determinada sequência. Uma melodia é deslocada quando é movida para uma parte diferente de uma batida ou compasso. Eu uso os termos *deslocamento para frente* para descrever frases trazidas para frente no tempo, e *deslocamento para trás* para frases que são deliberadamente atrasadas.

No Exemplo 3a, cada unidade começou em uma batida do compasso. Ao deslocar onde começa cada passo de uma sequência, o ouvinte perceberá uma sequência diferente. Além disso, é possível criar esse efeito sem alterar a mecânica da palhetada em cada deslocamento.

O Exemplo 3s contém as mesmas notas que o Exemplo 3a, mas começa uma colcheia antes do compasso principal (compasso dois). A nota empurrada para o compasso anterior agora funciona como uma anacruse para uma nova sequência 1-2-3-1.

Exemplo 3s:

Deslocando a nota em mais uma colcheia para a esquerda e depois fazendo uma avaliação das primeiras quatro notas no compasso dois, podemos ver uma sequência 2-3-1-2.

Exemplo 3t:

Repetindo o processo mais uma vez com anacruse, o Exemplo 3u é uma sequência 3-1-2-3. Mover mais uma nota para a esquerda do segundo compasso reverteria a sequência de volta para quartas ascendentes.

Exemplo 3u:

O deslocamento para trás pode ser implementado empurrando frases para a direita dentro do compasso, usando espaços ou notas extras. Com base nas notas do Exemplo 3n, o próximo exemplo desloca uma sequência de segundas alternadas adicionando uma colcheia ao início do compasso um. Tocar uma palhetada para cima (para a nota extra) significa que a palhetada do Exemplo 3n pode permanecer a mesma.

Exemplo 3v:

Com um deslocamento para trás de duas tercinas de colcheia, a sequência de terças descendentes com salto de corda em E menor, do Exemplo 3w, pode ser desafiador de tocar no tempo. Certifique-se de trabalhar nele mais devagar e aumente a velocidade somente quando você tiver um forte domínio rítmico de onde as notas devem ser executadas agora.

Exemplo 3w

Composição é, muitas vezes, uma maneira eficaz de trabalhar em coisas que podem não vir naturalmente na improvisação. Então, escreva *licks* sequenciados que se movem através de progressões de acordes como esta, em G Maior.

Exemplo 3x:

Tarefas do capítulo: Sequências e Permutações

Recapitulando, tudo o que você estudou neste capítulo rende bastante trabalho.

- _ *Quartas ascendentes*
- _ *Quartas descendentes*
- _ *Terças ascendentes*
- _ *Terças descendentes*
- _ *Segundas alternadas*
- _ *Cascatas de segundas e quintas*
- _ *Deslocamentos para frente*
- _ *Deslocamentos para trás*

Para criar oportunidades de prática baseadas neste material, sugiro que você se limite a um ou dois assuntos relacionados por seção, usando uma forma de arpejo por seção. Escolha um par de exercícios associados que o desafiem, depois construa um plano de prática a partir deles.

Basear uma seção de prática nos Exemplos 3a e 3c pode ser assim:

_ Reproduza a pilha da tríade de E Menor em quartas ascendentes com tempo livre – oito repetições

_ Experimente tocar com um metrônomo a diferentes velocidades, fazendo seis repetições perfeitas em cada ritmo

_ Repita o passo 2 para cada um dos deslocamentos para a frente – anacruse de uma, duas e três notas

_ Repita os passos 1-3 para a versão descendente (Exemplo 3c)

No dia seguinte, você poderia seguir uma rota semelhante para conquistar as abordagens posicionais e horizontais dos Exemplos 3d, 3e e 3f, por exemplo.

Quando você tiver estabelecido um bom comando das sequências de quatro notas, passe para as terças ascendentes e descendentes, segundas alternadas, etc. Comece agrupando os exercícios relevantes do livro, mas crie seus próprios *licks* assim que você for capaz.

Não se preocupe se nem todas as sequências resultam em *licks* de arpejos com alta velocidade, já que algumas ideias podem desafiar até os melhores guitarristas! A exploração através da prática lhe dará uma ideia de quais abordagens funcionam melhor para cada desenho de arpejo. Encontrar bloqueios também pode inspirar você a inovar para sair de pontos desafiadores, então persevere com as ideias que lhe interessam musicalmente, e a técnica irá se atualizar.

Mais importante ainda, lembre-se de que uma boa seção de prática é uma seção com propósito. Assim como uma visita à academia é desperdiçada se você caminhar sem rumo para máquinas diferentes, uma seção de treino sem um plano é um mau uso do seu tempo.

Escreva o que você espera alcançar a cada dia, e vá em frente!

Capítulo Quatro: Fusão Efetiva de Escalas

Um dos aspectos mais criativos e desafiadores da reprodução de arpejos é fundi-los propositalmente com os outros elementos do seu estilo. Há um risco genuíno de arpejos parecerem desarticulados das suas outras ideias. Você provavelmente já ouviu (ou até mesmo foi culpado de) uma ideia de palhetada *sweep* que parecia fora do lugar com o que veio antes ou depois dela. Não se preocupe, isso faz parte do processo.

Duas causas comuns desse som desconectado são:

- Não conhecer escalas e arpejos na mesma área do braço da guitarra

- Foco no desenvolvimento de ambos de forma independente, sem levar em conta como conectá-los

Este capítulo irá levá-lo através de um processo de três passos, que achei útil para integrar arpejos e escalas. Ao tratar as tríades como uma estrutura para notas de escala, você verá como elas se relacionam entre si e começará a construir um vocabulário de ideias conectadas.

1. *Associar* um arpejo a um padrão de escala próximo

2. *Alternar* entre um arpejo ascendente, uma escala descendente e o inverso

3. *Ornamentar* com sequências e variações

Abordagens de Palhetada em Escalas

Será útil entender as três abordagens de palhetada que eu uso para tocar escalas e *licks*, com o objetivo de se conectar com partes de palhetada *sweep* de arpejos.

1. *Palhetada Alternada:* esta abordagem de palhetada usa palhetadas em sentidos opostos – *para baixo, para cima, para baixo, para cima* – com base em onde as notas caem numa batida em vez de como a linha é posicionada na guitarra. Quando pausas ou notas mais longas ocorrem, as palhetadas retomam sua aplicação baseada na batida como se a frase fosse ininterrupta.

1. *Palhetada "Econômica":* como a palhetada *sweep*, a palhetada econômica afeta a forma como as mudanças de cordas são tratadas. Sempre que a palheta puder deixar uma corda e chegar na próxima com a mesma palhetada, isso é feito com um *sweep*, principalmente onde os *licks* têm número ímpar de notas por corda.

2. *Palhetada Composta (ou híbrida – à maneira de Yng):* baseado na abordagem do meu livro *Guitarra Neo-Clássica: Estratégias e Velocidade*, o estilo final da palhetada é otimizado para uma *orientação de palhetada descendente* (OPD), tirando máximo proveito das ideias que começam com palhetadas para baixo. Esse sistema utiliza a palhetada econômica para alterações ascendentes de cordas, palhetada alternada para linhas em número par e uma combinação de palhetada alternada e legatos para linhas descendentes.

Mesmo que os exemplos escalares sejam notados com palhetadas que *eu* acho úteis para cada uma das frases à frente, meu conselho é usar a que for mais confortável e expressiva. Se você quer aprender sistemas de palhetada com velocidade, no entanto, eu recomendo *Guitarra Neo-Clássica: Estratégias e Velocidade*.

Palhetada alternada

Palhetada econômica

Palhetada composta

Passo Um: Associação

Ilustrando um exemplo de tons de acordes dentro de um padrão de escala, a Figura 4a destaca as notas de uma tríade de G Maior (marcadores pretos) dentro de uma escala de G Maior. É assim que eu sugiro que você tente visualizar os tons de acordes e suas notas próximas de escala.

Figura 4a:

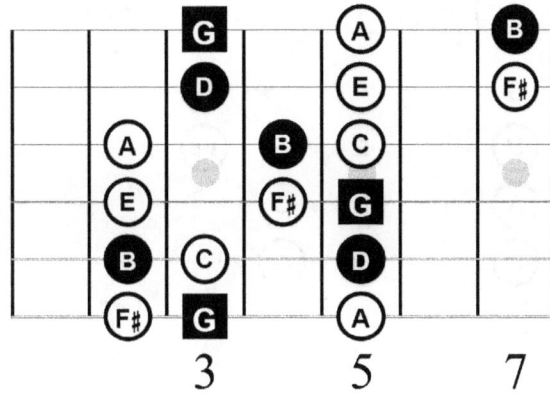

Os diagramas de escala e arpejo muitas vezes se sobrepõem perfeitamente como na Figura 4a. Em outros casos, eles podem desviar para melhorar a conveniência da digitação.

Como há sete notas em uma escala maior, um método amplo de cobertura do braço da guitarra usa sete padrões de *três notas por corda* (*3npc*). Em G Maior, o padrão móvel mais baixo começa na sétima da escala (F#).

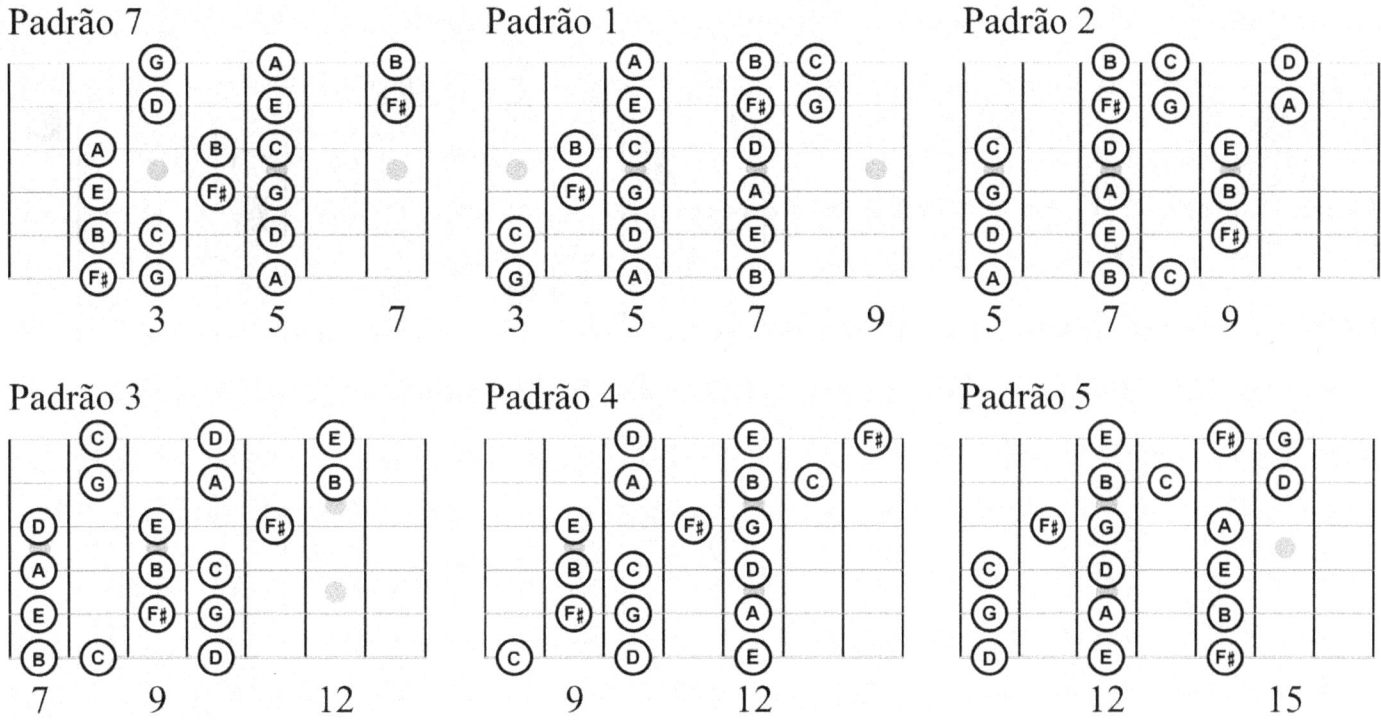

Padrão 7

Padrão 1

Padrão 2

Padrão 3

Padrão 4

Padrão 5

Padrão 6

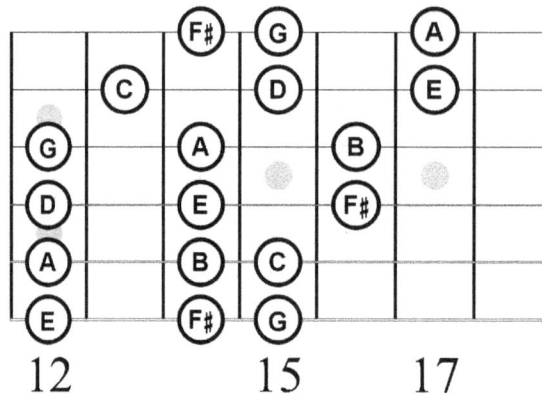

Você pode usar qualquer layout de escala que você preferir para esses conceitos, mas os padrões de 3npc são um ajuste excelente para desenhos de tríade, como os desenhos de velocidade cobertos em *Palhetada Sweep – Estratégias e Velocidade* e referenciadas ao longo deste capítulo.

Usando três padrões de palhetada *sweep* por tipo de acorde (natural e duas inversões), aqui estão exemplos de tríades maiores, menores e diminutas no tom de G Maior, combinado com o padrão de escala 3npc mais próximo.

Figura 4b: Tríades de G maior combinadas com padrões de escala:

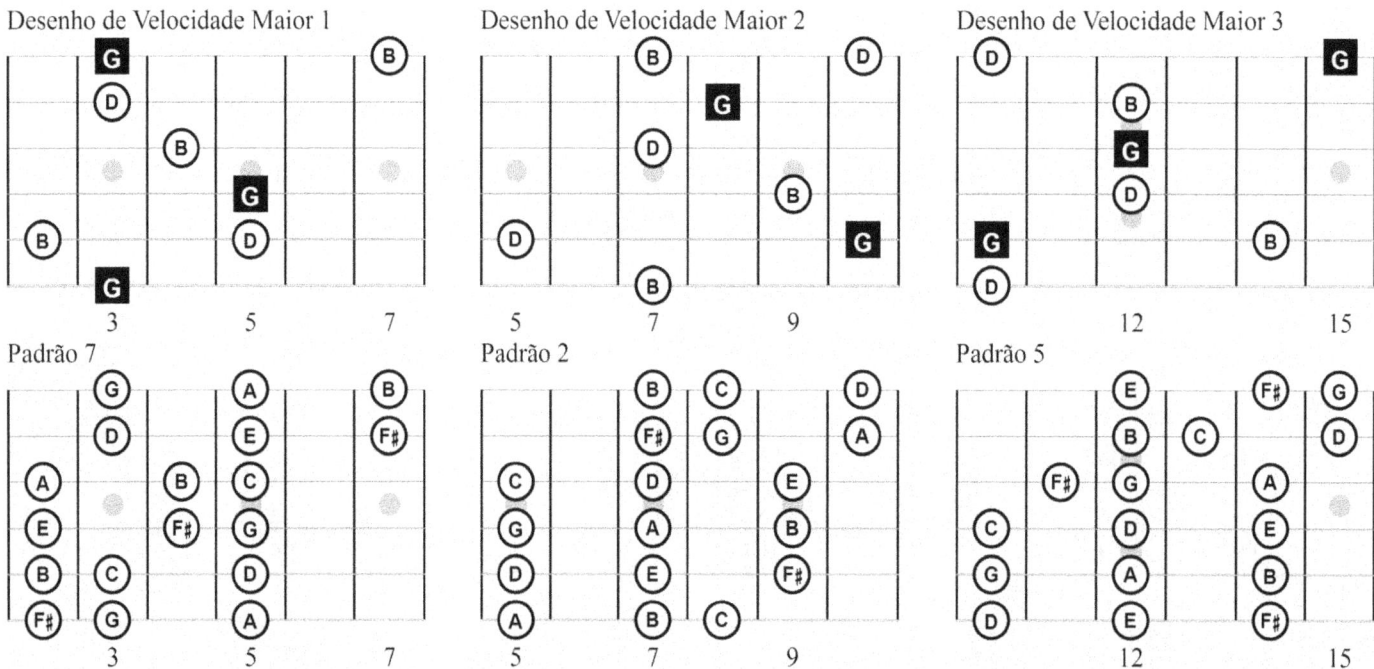

Desenho de Velocidade Maior 1

Desenho de Velocidade Maior 2

Desenho de Velocidade Maior 3

Padrão 7

Padrão 2

Padrão 5

Figura 4c: Tríades de A menor combinadas com padrões de escala:

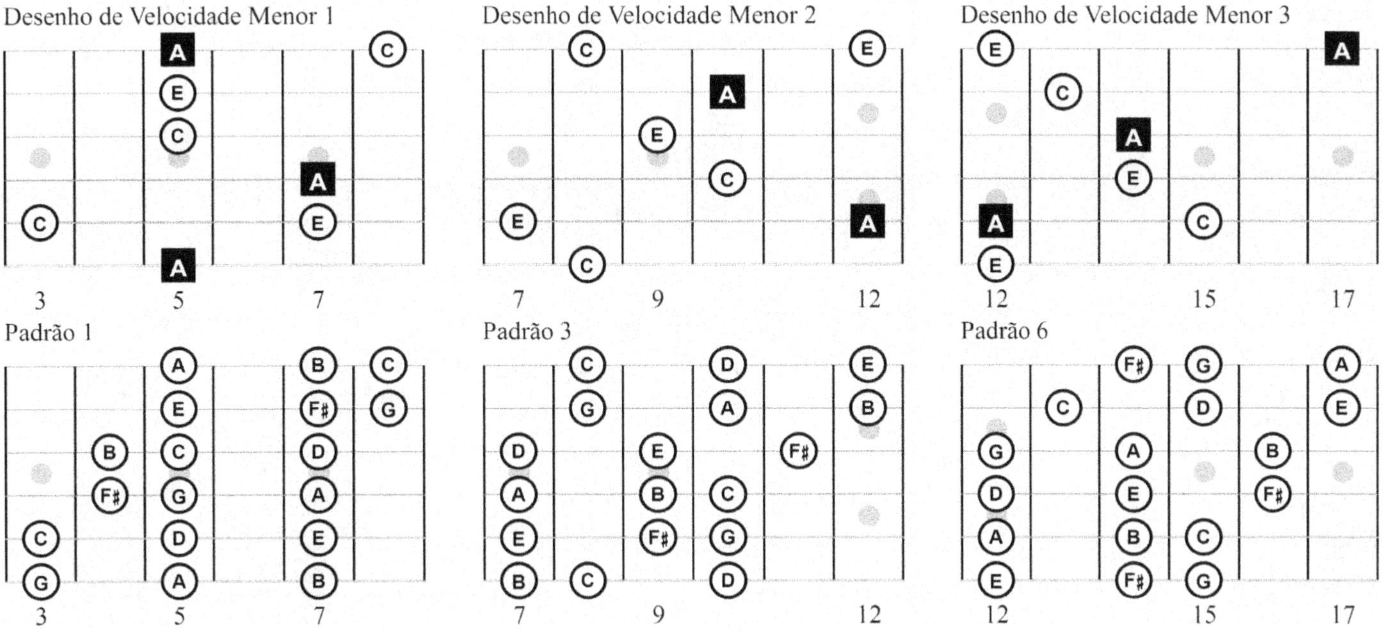

Desenho de Velocidade Menor 1

Desenho de Velocidade Menor 2

Desenho de Velocidade Menor 3

Padrão 1

Padrão 3

Padrão 6

Ao alterar tríades menores para criar tríades diminutas, o desalinhamento da b5 produz algumas formas que, dependendo do tom e da posição, fazem fronteira com o impraticável. Muitos guitarristas usarão fragmentos dessas formas em vez de padrões de *sweep* de seis cordas.

Já que muitos improvisadores estendem além da tríade para usar arpejos de sétima diminutos e meio-diminutos, aqui estão algumas formas adequadas para desenhos b5 diminutos ou meio-diminutos. O sétimo grau não só enriquece a tonalidade, mas também faz a ponte entre o b5 e a próxima tônica. As formas de escala 7 e 4 foram modificadas para se integrarem com as novas formas de arpejo.

Figura 4d: Tríades de F# meio-diminutas combinadas com padrões de escala:

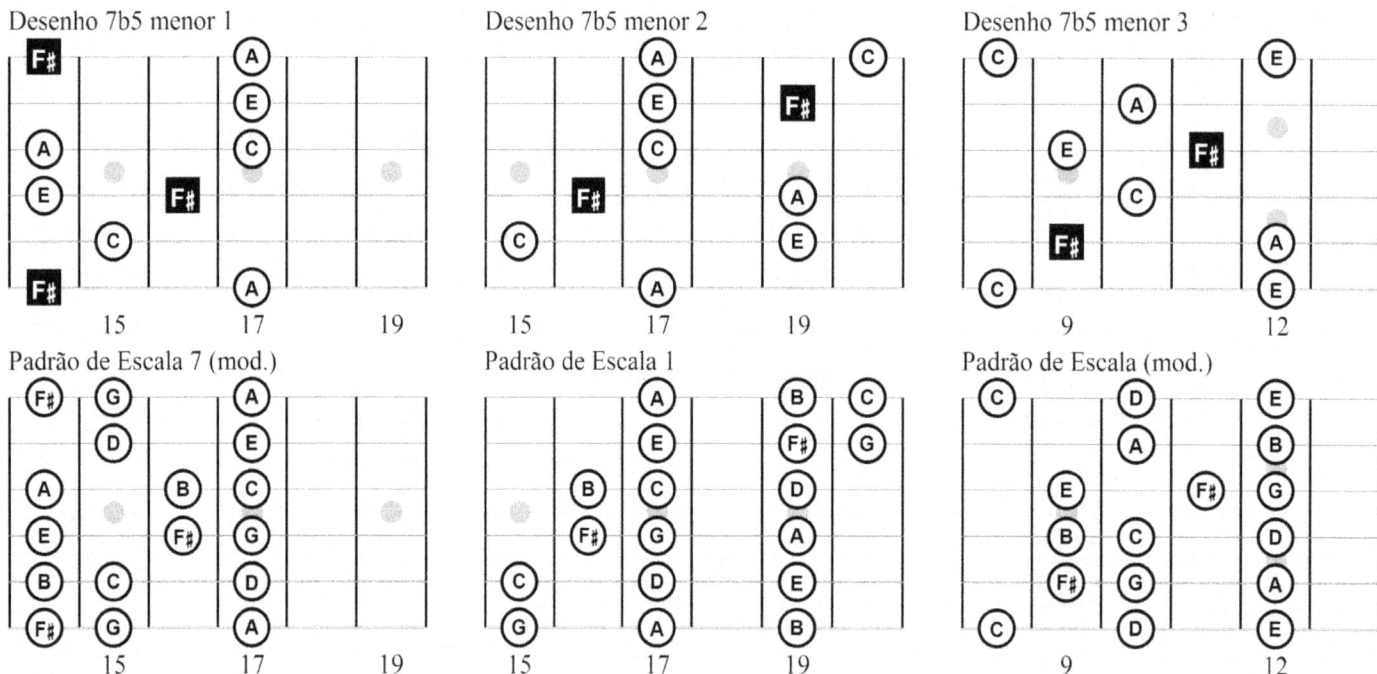

Desenho 7b5 menor 1

Desenho 7b5 menor 2

Desenho 7b5 menor 3

Padrão de Escala 7 (mod.)

Padrão de Escala 1

Padrão de Escala (mod.)

Misturando Tríades e Escalas

Uma vez que a harmonia da escala maior contém três tríades separadas maiores e menores, é importante saber como os padrões de escala mudam de acorde para acorde e de inversão para inversão. As notas entre elas são o que fazem uma tonalidade menor Dórica, Frígia ou Eólia e uma tonalidade maior Jônia, Lídia ou Mixolídia.

Para expandir as Figuras 4c, 4d e 4e, a tabela abaixo descreve os padrões de escala sugeridos para cada forma de tríade no tom.

No Passo Dois, você pode usar esta lista para aplicar cada exemplo a todas as tríades e inversões.

Grau do Acorde	Desenho de Tríade 1	Desenho de Tríade 2	Desenho de Tríade 3
I (G Maior)	Padrão de Escala 7	Padrão de Escala 2	Padrão de Escala 5
II (A Menor)	Padrão de Escala 1	Padrão de Escala 3	Padrão de Escala 6
III (B Menor)	Padrão de Escala 2	Padrão de Escala 4	Padrão de Escala 7
IV (C Maior)	Padrão de Escala 3	Padrão de Escala 5	Padrão de Escala 1
V (D Maior)	Padrão de Escala 4	Padrão de Escala 6	Padrão de Escala 2
VI (E Menor)	Padrão de Escala 5	Padrão de Escala 7	Padrão de Escala 3
VII (F#m7b5)	Padrão de Escala 7	Padrão de Escala 1	Padrão de Escala 4

Passo Dois: Alternando

Está na hora da prática! Vamos escolher exemplos da tabela de tríades e escalas para trabalhá-los através de alguns exercícios de combinação. Quando você os tiver dominado, consulte a tabela para substituir outros padrões de escala e tríades correspondentes.

O Exemplo 4a utiliza a palhetada *sweep* para subir por uma tríade de G Maior (Desenho de velocidade 2) e palhetada composta para descer através do segundo padrão de escala de G Maior. Reproduzindo-o como escrito, significa que ambos os compassos podem ser tocados com a palheta em uma inclinação descendente, sem qualquer razão para mudá-la.

Exemplo 4a:

Usando a mesma forma de tríade para um acorde C, observe como o padrão de escala difere no Exemplo 4b.

Exemplo 4b:

Invertendo a ordem dos exercícios anteriores com uma tríade descendente e uma escala ascendente, o Exemplo 4c usa o primeiro Desenho de velocidade de uma tríade de G Maior e o padrão de escala de sétima. Tente esta ordem com os Exemplos 4a e 4b também.

Para a palhetada, eu uso uma inclinação ascendente no *sweep* e uma inclinação descendente da palhetada econômica para a escala.

Exemplo 4c:

O uso de inversões permite que *a voz seja conduzida* através de alterações de acordes com tríades. O segundo Desenho de velocidade de D Maior com o sexto padrão de escala cria uma forma bastante musical de ligar os Exemplos 4c e 4d. Experimente-os individualmente e depois combine-os.

Exemplo 4d:

Antes de avançar, tente outras combinações da tabela de tríades e escalas, então prossiga para os próximos exemplos que usam mais de um acorde em cada exercício.

Combinando uma tríade de B Menor de seis cordas, uma tríade de A Menor de quatro cordas e uma tríade de E Menor de cinco cordas, o Exemplo 4e demonstra o tipo de mudança de posição contínua e possível ao ligar tríades e escalas.

Exemplo 4e:

Vamos tentar mais um exemplo de progressão de acordes antes de avançar para o terceiro passo. No Exemplo 4f, as partes da escala são usadas novamente para criar transições suaves entre as tríades na progressão. Você pode usar muito ou pouco de um padrão de escala para ligar os tons de acordes. Este exemplo usa uma mistura de escalas de três, duas e cinco cordas para chegar a cada novo acorde a tempo para o próximo compasso.

Exemplo 4f:

Terceiro passo: Ornamente

Em vez de usar tríades e escalas para cima e para baixo, estes exemplos usam sequências e direções alternadas para criar mais interesse. É aqui que entram em jogo *licks* verdadeiros que transcendem os exercícios.

O Exemplo 4g tece para dentro e para fora do segundo desenho da tríade de G Maior e do segundo padrão de escala 3npc. Uma maneira simples de quebrar notas de escala consecutivas é voltar para uma corda anterior, que ocorre neste exemplo na batida 3 de cada compasso.

Exemplo 4g:

No Exemplo 4h, uma tríade de seis cordas de A Menor no Desenho de velocidade 2 é dividida em partes, usando fragmentos de escala tocados em terças descendentes no compasso um e com notas de passagem ascendentes no compasso dois. Mesmo apenas algumas notas como a nota D (casa cinco da corda A) entre tons de acordes podem quebrar o som triádico.

Há muitas maneiras de lidar com a palhetada deste *lick*, então experimente com os três tipos de palhetada e as misturas de abordagens que eu designei.

Exemplo 4h:

Uma das minhas sequências favoritas para escalas de 3npc é o que eu chamo de 2-3-1, em que três notas numa corda são tocadas na seguinte ordem: médio, agudo e grave. Funciona muito bem para todos os tipos de palhetada e legato. No Exemplo 4i, a ideia 2-3-1 é usada para quebrar uma tríade de C Maior de seis cordas em três partes que ocorrem a partir do compasso um, batidas 1 e 4, e no compasso dois, batida 3. Isso tem um som lídio, reminiscente dos livros didáticos, mas tente transpô-lo para outros modos depois de ter memorizado a forma do *lick*.

Exemplo 4i:

O Exemplo 4j começa o compasso um com notas de escala para variar, iniciando um arpejo F#m7b5 na batida 3. O compasso dois é enquadrado dentro do arpejo e, apesar do som de escala da passagem em legato na batida 1, apenas a nota B na corda E aguda e a nota G na corda D estão fora dos tons dos acordes.

Já que as notas F#, A e C de uma tríade de F# diminuto também funcionam como a terça, a quinta e a sétima de um acorde D7, tente este exemplo como uma linha mixolídia sobre um acorde V, para ter outra chance de aplicá-lo.

Exemplo 4j:

Você pode encontrar mais escalas e arpejos no final do Capítulo Cinco.

Tarefas do capítulo: Integração de Tríade e Escala

- Revise os Desenhos de velocidade em cada tipo de acorde apresentado

- Aprenda as sete formas de 3npc da escala de G Maior

- Estude a *tabela de tríades e escalas* e pratique o Passo Dois (*Alternado*) para cada grau da escala. Já que existem sete modos, é possível memorizar uma linha da tabela por dia

- Suba usando cada desenho de tríade e desça usando um padrão de escala próximo

- Descenda usando cada tríade e suba usando um padrão de escala adjacente

- Transponha todos os *licks* deste capítulo para outros modos dentro do tom. Transcrevê-los no papel ou em um programa de transcrição vai tornar mais fácil para você mantê-los à disposição para a sua prática.

- Tente criar seus próprios *licks* compostos de tríades e escalas

Capítulo Cinco: Jazzíssimo e Cheio de Estilo

Na Parte Um do livro, usamos pequenas unidades de tríades e arpejos de sétima como substitutos para criar extensões de acordes de nona, décima primeira e décima terceira. Neste capítulo, vamos explorar esses arpejos como formas completas, analisando onde eles podem ser usados.

Você pode utilizar as ideias deste capítulo quando você se deparar com acordes exóticos, como um Cmaj13#11 ou similar, mas também ao tocar sobre acordes mais simples, a fim de adicionar essas notas "caras" de extensão superior.

Ao arpejar tipos de acordes que têm extensões maiores além da primeira oitava, essas extensões ocorrem na segunda oitava do arpejo e são literalmente dispostas como 1 3 5 7 9 11 13 no braço da guitarra.

Neste capítulo, os diagramas mostram os intervalos em vez de nomes específicos de notas, e todos os arpejos começam com a mesma tônica. Cada diagrama de acordes é nomeado com o(s) grau(s) da escala a que se aplica. Vamos começar com acordes maiores, usando o formato do primeiro arpejo de sétima que ensino em *Palhetada Sweep – Estratégias e Velocidade*.

Extensões Maiores

Tal como acontece com os acordes de sétima maior, acordes de nona maior (1, 3, 5, 7, 9) podem ser usados como acordes I ou IV em um tom maior. Para converter um arpejo de sétima maior em um arpejo de nona maior, as tônicas nas cordas 4 e 1 são elevadas em um tom.

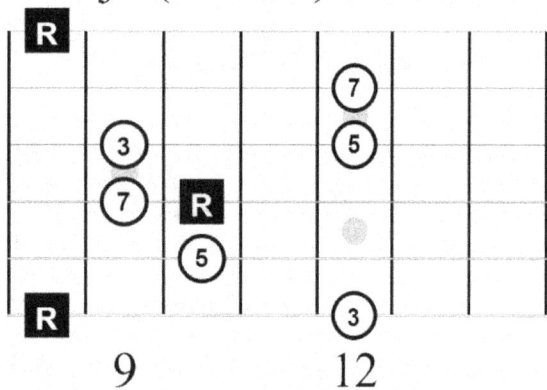

Cmaj7 (I ou IV)

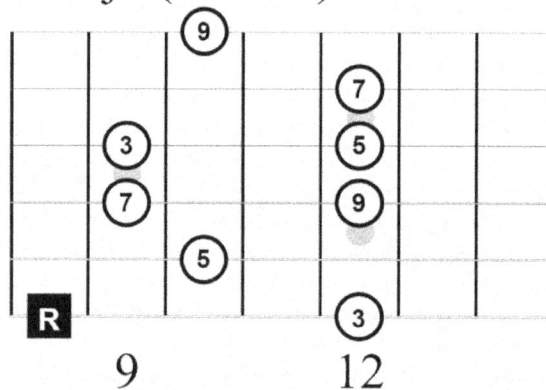

Cmaj9 (I ou IV)

Para todos os que odeiam o dedo mindinho, tenho uma alternativa de mudança de posição! Minhas preferências de palhetada e digitação para o Cmaj7 e as duas versões de Cmaj9 estão anotadas no Exemplo 5a.

Cmaj9 slide (I ou IV)

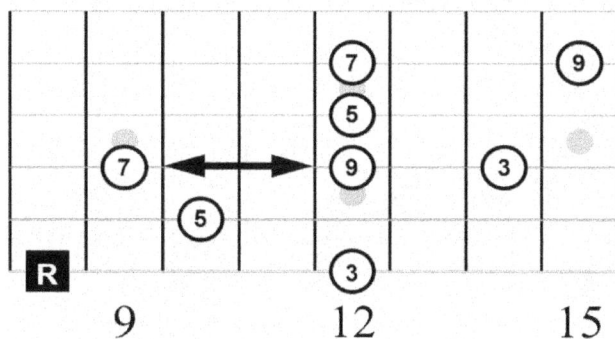

Exemplo 5a:

Cmaj7

Cmaj9

Cmaj9

Acordes de décima primeira maior (1, 3, 5, 7, 9, 11) são evitados por causa do confronto de semitom entre a terça e a décima primeira, e um trítono é criado entre a sétima e a décima primeira. Isso *soa muito mal*.

Entretanto, um som #11 é perfeito se você quiser criar uma tonalidade Lídia.

O símbolo do acorde completo para um acorde de décima primeira construído sobre o grau IV da escala é maj9#11, construído com 1, 3, 5, 7, 9, #11. Para encaixar a nota #11 no desenho de arpejo, eu substituo o terceiro grau na corda G com o #11 duas casas acima, então recoloco o quinto grau da corda G para a corda B. O último movimento é apenas para conveniência da digitação, mas também recria o layout de empilhamento de tríades que vimos no Exemplo 2n.

Como o arpejo cresceu, devemos agora usar quatro cordas para criar o som, antes que quaisquer repetições de notas ocorram.

Cmaj9#11 (apenas IV)

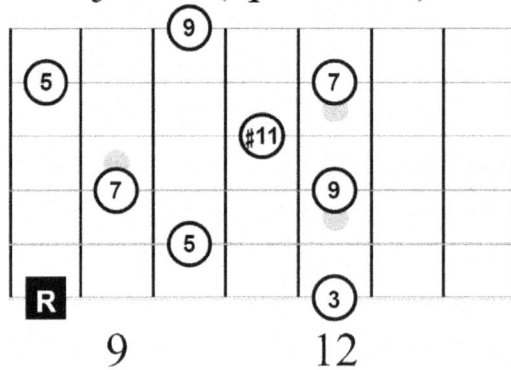

Exemplo 5b:

Acordes de décima terceira maior existem, mas são tratados de forma diferente para os acordes I e IV. Para o acorde I (1, 3, 5, 7, 9, 11, 13), a décima primeira é omitida. Um símbolo de acorde como maj9(13) pode ser preciso, mas é comum vê-lo notado como um acorde 13 com a suposição de que o 11 é omitido.

Formas que excluem a décima primeira podem ser usadas para acordes I ou IV, mas uma opção exclusiva para o acorde IV (1, 3, 5, 7, 9, #11, 13) inclui uma décima primeira elevada. Para encaixar a décima terceira em qualquer desenho, eu removo as quintas e sétimas redundantes da corda B e coloco a décima terceira no lugar. Estamos agora usando cada nota da escala em um arpejo!

Cmaj13 (I ou IV)

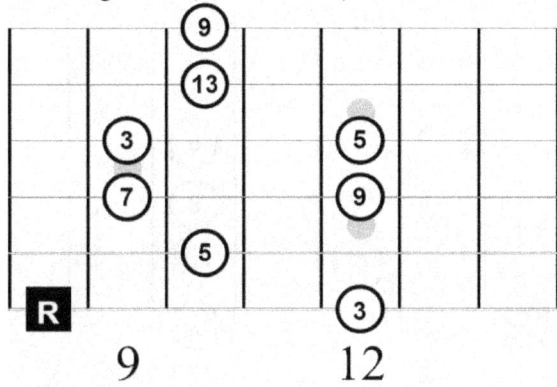

Cmaj13#11 (apenas IV)

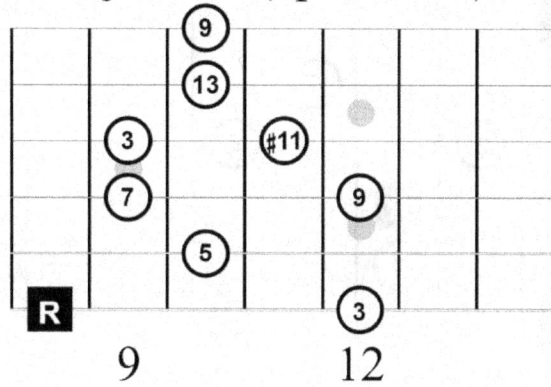

Exemplo 5c:

Cmaj13

Exemplo 5d:

Cmaj13 (#11)

Extensões Dominantes

Agora que temos um processo para construir cada extensão a partir de arpejos de sétima, trabalhar com acordes dominantes é fácil, e há apenas algumas exceções.

A transição da sétima dominante (1, 3, 5, b7) para a nona dominante (1, 3, 5, b7, 9) é a mesma que nas contrapartes maiores – você simplesmente eleva a tônica em um tom para acessar a nona.

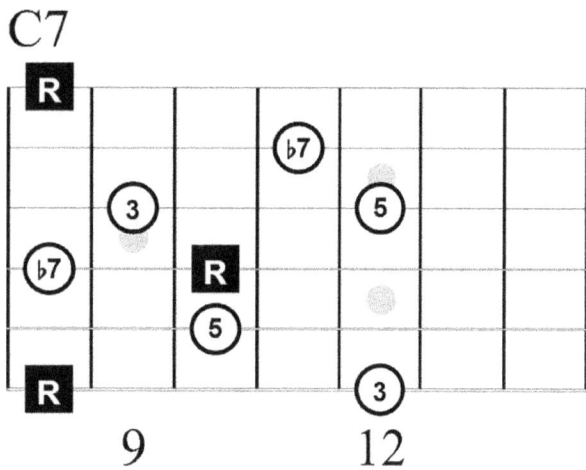

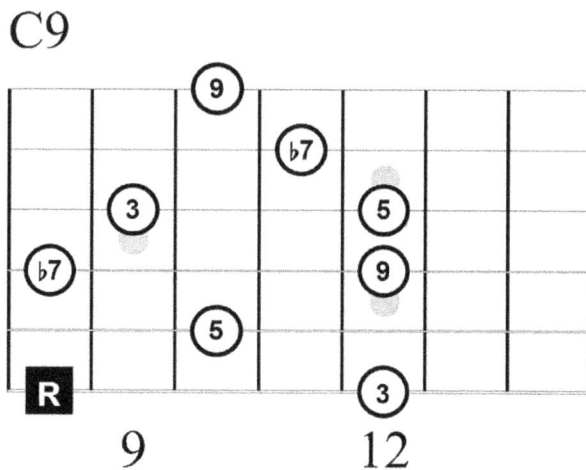

Como os desenhos são descomplicados, vamos nos divertir um pouco mais com a ordem de execução das notas no Exemplo 5e (C7) e Exemplo 5f (C9).

Exemplo 5e:

Exemplo 5f:

O uso de acordes inalterados dominantes de décima primeira (1, 3, 5, b7, 9, 11) é causa de algum debate. Não há mais um trítono entre a sétima e a décima primeira, mas este último mais uma vez se choca com a terça. A dissonância pode ser atenuada certificando-se de que a décima primeira está o mais longe possível da terça, mas ainda é um som que muitos acham desagradável.

Para aumentar a confusão, alguns guitarristas vão usar símbolos de acordes como C11 (C, E, G, Bb, D, F) para descrever um *acorde de barra* como Bb/C (C, Bb, D, F), ou um acorde suspenso como C9sus4 (C, F, G, Bb, D) – nenhum dos quais contêm notas E (a terça de C).

Do ponto de vista da execução de arpejos, minha solução é arpejar de forma a incluir a terça e a décima primeira em oitavas diferentes, ou substituir a terça em ambas as oitavas para criar um som mais suspenso. A escolha é sua, dependendo do voicing do acorde subjacente.

Neste exemplo com uma tônica C, eu substituí o E na casa doze da corda E grave com um F (que pode ser tocado na oitava casa da corda A). Para trazer a terça de volta à execução, simplesmente baixe a primeira nota F de volta para um E. Você também pode fazer esta modificação no Exemplo 5g, que apresenta uma nota F na casa treze da corda E grave.

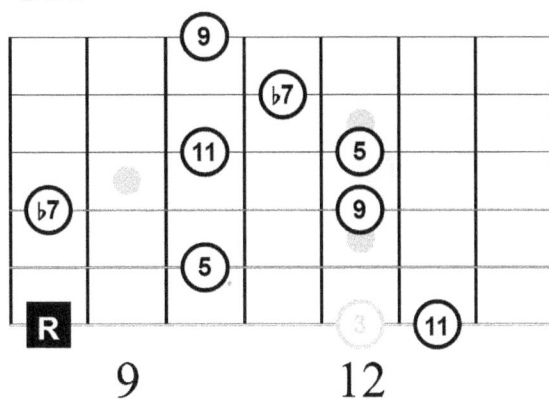

C11

Exemplo 5g:

Como no caso do arpejo de décima terceira maior, um arpejo de décima terceira dominante omite a décima primeira e reinstala a terça. Para preencher a lacuna de intervalo entre os graus 9 e 13, repito os graus 3 e 5 na corda G.

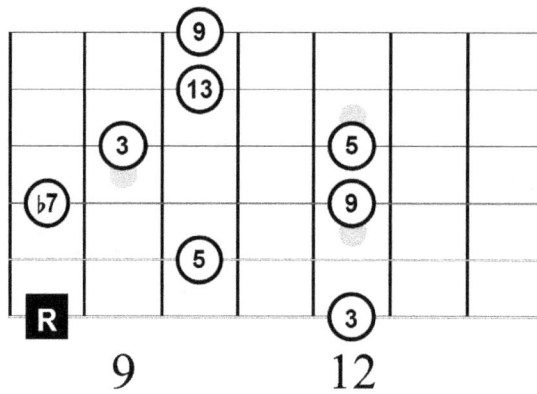

C13

Exemplo 5h:

C13

Como em todos os arpejos, é essencial consultar o voicing do acorde subjacente para evitar dissonâncias.

Extensões Menores

Arpejos menores estendidos não têm nenhuma nota a ser evitada, mas é importante saber como eles são aplicados. Aqui está um resumo de onde eles se encaixam de forma diatônica.

- Arpejos de sétima menor podem ser usados sobre os acordes II, III ou VI

- Arpejos de nona menor podem ser usados sobre acordes II ou VI (o acorde III produz uma b9)

- Arpejos de décima primeira menor podem ser usados sobre acordes II e VI

- A partir do grau III, um arpejo min7(11) funciona como substituto, pois omite o nono grau

- Acordes menores de décima terceira são especificamente acordes II porque um acorde II é o único acorde menor que contém uma décima terceira maior

Depois de ter coberto as notas essenciais de um arpejo, é possível completar o resto dos desenhos com quaisquer tons de acordes que você queira repetir, desde que não exagere nas extensões superiores em detrimento da qualidade central dos acordes.

Cm7 (II, III ou VI)

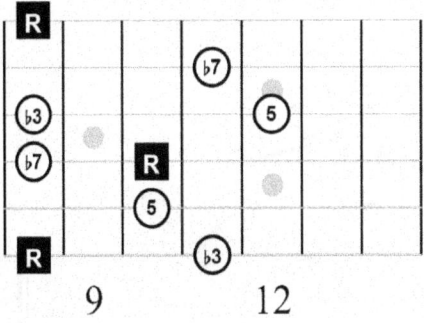

Cm9 (II ou VI)

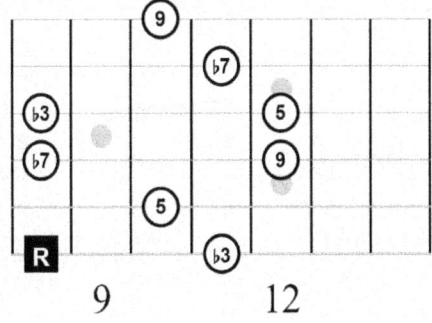

Cm11 (II ou VI)

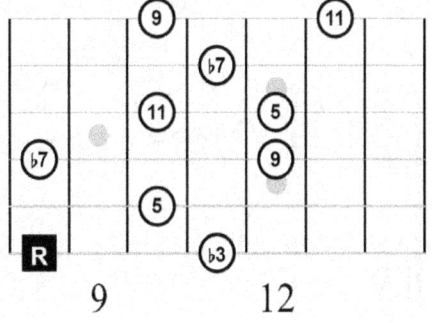

Cm7(11) (III)

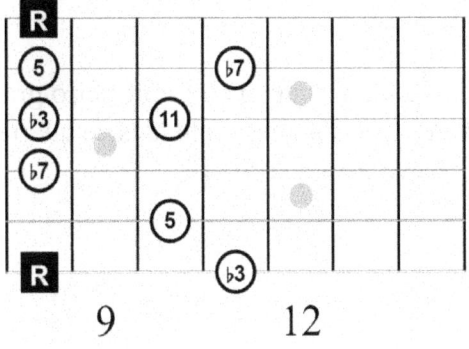

Cm13 (apenas II)

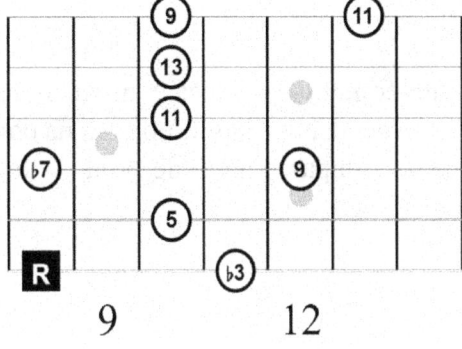

A partir do momento que você tenha tocado os padrões algumas vezes, experimente alguns *licks*!

O Exemplo 5i faz um zigue-zague através do arpejo de sétima menor com uma mistura de palhetada *sweep* e legato. Voltar entre as cordas D e G é algo que eu faço muito na execução de arpejos para me libertar dos movimentos diretos "para cima" e "para baixo".

Exemplo 5i:

O Exemplo 5j mais uma vez enfatiza o registro médio e aplica um pouco de repetição nas cordas G e D no compasso um do arpejo Cm9.

Exemplo 5j:

No Capítulo 3, usamos sequências e permutações para criar interesse. Uma das minhas formas favoritas de criar ainda mais atenção é usar quintas.

No Exemplo 5k, um compasso começa com cinco notas descendentes do décimo primeiro grau, seguidas por outras cinco notas descendentes do sétimo grau na corda B. A partir daí, duas unidades de quartas descendentes atravessam a linha do compasso antes de subir da corda E grave para a corda G.

Exemplo 5k:

O Exemplo 5l desce em cascata pela alternativa compatível com o modo frígio aos arpejos m11. Tocar isso pode lembrar a escala pentatônica, pois C Menor pentatônica contém as mesmas notas. Para preservar um formato com sonoridade de arpejo, a nota F na corda A e a nota C na corda D foram omitidas, na pentatônica de C Menor, uma vez que são representadas em outro lugar dentro do *lick*.

Exemplo 5l:

O padrão de Cm13 no Exemplo 5m usa tercinas de colcheias que começam na segunda corda mais grave e terminam na segunda corda mais aguda. Ao terminar com a nota A, enfatiza que este é um arpejo m13.

Todos os arpejos menores estendidos funcionam sobre tríades simples. Neste exemplo, lembre-se que a extensão mais alta é adequada para o modo dórico ou o uso do acorde II por causa da décima terceira natural.

Exemplo 5m:

Extensões Diminutas

O arpejo meio-diminuto (ou m7b5) é a extensão mais comum da tríade construída sobre o grau VII da escala. Um acorde de nona não é viável, devido à dissonância que a nona menor cria contra a tônica.

Uma opção para estender além da sétima do acorde é adicionar o décimo primeiro grau, para criar um m7b5(11). Esse acorde tem um som ainda mais misterioso do que os convencionais arpejos diminutos, graças ao som suspenso da décima primeira. Para incluir o décimo primeiro grau, rearranjo as cordas G e B.

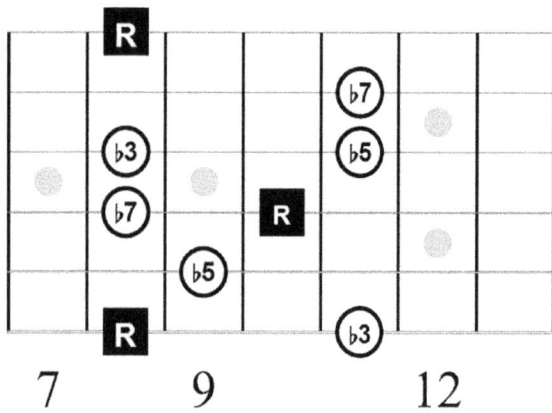

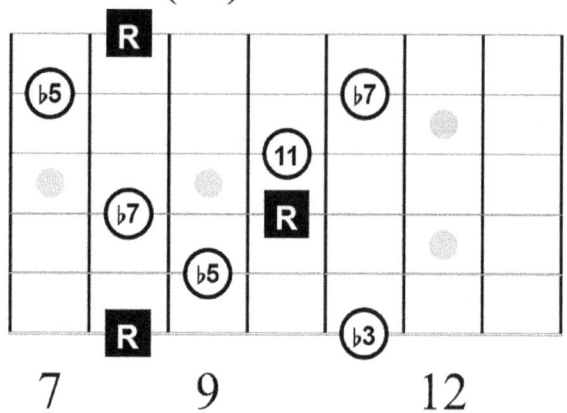

Exemplo 5n:

Exemplo 5o:

Tocar a quinta diminuta (uma oitava mais alta) logo após a décima primeira cria um som exótico, especialmente porque o intervalo seguinte (b7) está uma terça maior acima.

Um arpejo de sétima diminuto completo (1, b3, b5, bb7) é composto de intervalos menores constantes de terças e se encaixa bem na harmonia da Menor Harmônica. É um arpejo simétrico que pode ser movido para cima e para baixo em saltos de três casas para produzir inversões com as mesmas digitações. Ele pode ser usado onde quer que a escala diminuta (uma escala simétrica composta de tons inteiros alternados e semitons) seja usada.

Para aplicar arpejos de sétima diminuta à harmonia harmônica menor, toque-os sobre o acorde V, começando na terça do acorde e, em seguida, mova-os para cima ou para baixo em incrementos de terça menor.

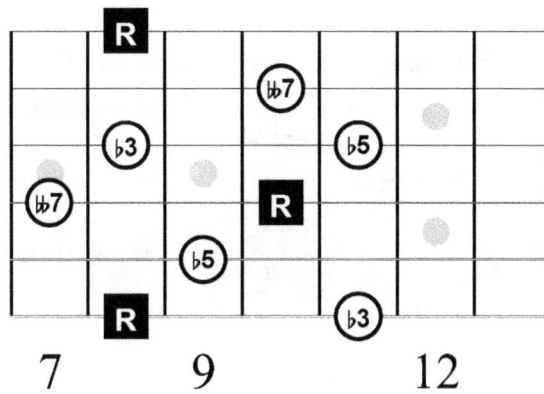

Cdim7

Exemplo 5p:

Cdim7

Agora que você tem os desenhos de arpejo estendidos, vamos usá-los como estruturas para algumas novas combinações de arpejo e escala. Os próximos quatro exemplos estão no tom de G Maior.

O Exemplo 5q usa o arpejo de nona dominante e o quinto padrão de escala 3npc de G Maior. Começando com uma sequência de quartas descendentes, o *lick* se move através do arpejo no compasso um, batidas 3 e 4, antes que um novo fragmento de escala ocorra no compasso dois. Para permanecer dentro do quadro do arpejo, as notas de escala nas cordas B e E aguda são baseadas no padrão de escala em quartas.

Exemplo 5q:

Usando o arpejo de nona maior sobre o acorde I em G Maior, o Exemplo 5r evoca o desenho de arpejo deslizante do Exemplo 5a. Para misturar o desenho com as notas da escala, o *lick* usa notas dos padrões um e dois da escala maior. No primeiro compasso, batida 3, o *slide* para a sétima casa é apenas uma escolha estilística que você ouvirá no áudio.

Exemplo 5r:

O Exemplo 5s é, principalmente, um *lick* de escala, mas cria um som de arpejo menor de décima terceira com os fragmentos encontrados no compasso um, batida 4, e compasso dois, batidas 1 e 4. Lembre-se que é possível usar esse *lick* sobre qualquer acorde menor. Você não precisa de permissão para usar as extensões superiores!

Exemplo 5s:

Finalmente, o Exemplo 5t se estende além do acorde subjacente, implicando um arpejo maj13#11 sobre um acorde Cmaj7. Baseado no quarto padrão da escala maior, este *lick* lídio incorpora o arpejo no compasso um, batidas 3 e 4. Preste muita atenção à notação rítmica, pois o estilo de fraseado do *lick* incorpora várias subdivisões.

Exemplo 5t:

Aplicação de Arpejo Estendido: Tom de G Maior

Aqui está como os arpejos estendidos se encaixam na harmonia da escala maior. Considere cada linha desta tabela uma *família de acordes* que é expansível e contrátil. Você pode tocar qualquer um dos arpejos listados à direita sobre o acorde à esquerda. Isso mostra como usar extensões superiores de arpejos mesmo quando um acorde mais simples é tocado abaixo. Um acorde como Cmaj13#11 seria difícil de expressar em uma guitarra, mas ainda pode ser delineado usando o arpejo sobre um acorde Cmaj7.

Um décimo primeiro acorde da família dominante é, como já foi dito, aquele que requer maior consideração nos voicings.

Tríade	Sétima	Nona	Décima Primeira	Décima Terceira
G	Gmaj7	Gmaj9	--	Gmaj13
Am	Am7	Am9	Am11	Am13
Bm	Bm7	--	Bm7(11)	--
C	Cmaj7	Cmaj9	Cmaj9#11	Cmaj13#11
D	D7	D9	D11	D13
Em	Em7	Em9	Em11	--
F#dim	F#m7b5	--	F#m7b5(11)	--

Dicas bônus:

    – Acordes de nona que começam em graus de escala I, II, IV e V podem ser convertidos para acordes 6/9, substituindo a sétima por uma sexta maior. Em G Maior, os novos acordes serão G6/9, Am6/9, C6/9 e D6/9

- F#m7b5 tocado na primeira inversão (A, C, E, F#) é o mesmo que Am6 e pode ser usado como um acorde II.

- Os dominantes alterados aparecem frequentemente no Jazz, Funk e Fusion. Para converter qualquer uma das formas dominantes neste capítulo em dominantes alterados (por exemplo, 7#5, 7#9, 7b9, 7b5b9, etc.) basta mover a quinta ou a nona para cima ou para baixo em um semitom, conforme necessário.

Tarefas do capítulo: Extensões e Alterações

- Aprenda os desenhos neste capítulo a partir de uma única tônica, prestando atenção aos intervalos tocados

- Usando a tabela de arpejos estendida, toque os arpejos em cada linha

- Usando a tabela de arpejos estendida, toque os arpejos em cada coluna

- Aplique os exemplos deste capítulo à improvisação, usando sequências e integração de escalas

- Compreenda como cada família de acordes pode ser estendida com arpejos

- Lembre-se de como evitar notas usando as estratégias deste capítulo

Material Bônus: Desenhos de Acordes

Para lhe dar algumas opções de guitarra rítmica para suas próprias músicas, aqui estão alguns desenhos de acordes, agrupados em categorias maiores, dominantes, menores e diminutas.

Família de Acordes Maiores:

Família de Acordes Dominantes:

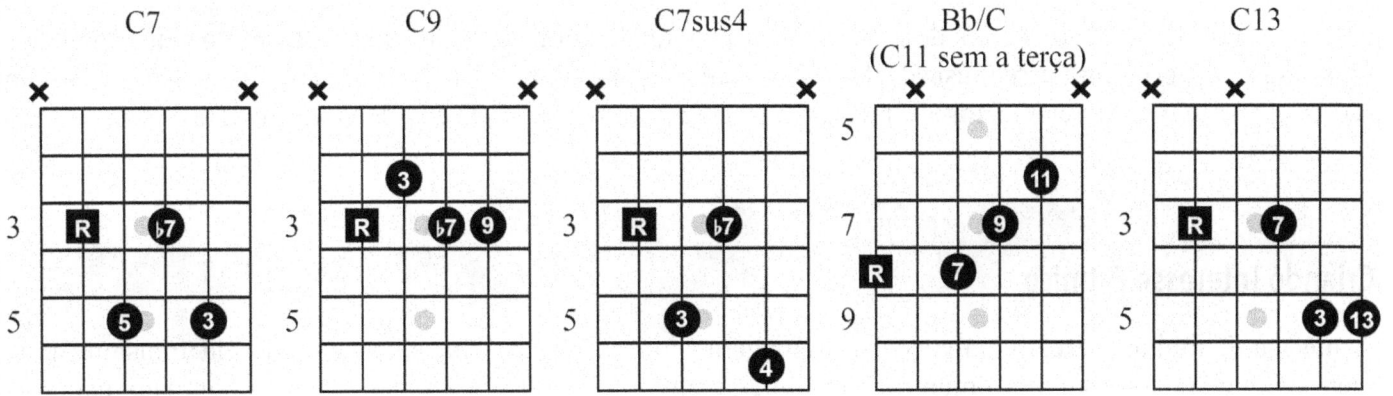

C7

C9

C7sus4

Bb/C
(C11 sem a terça)

C13

Família de Acordes Menores:

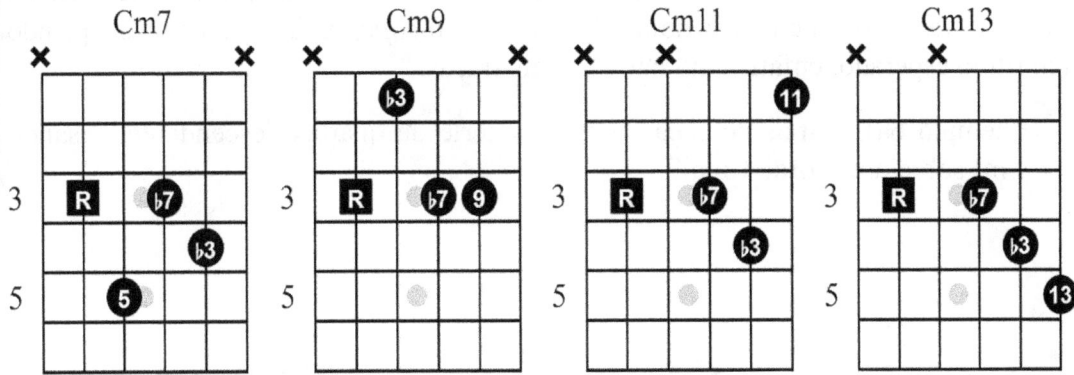

Cm7

Cm9

Cm11

Cm13

Família de Acordes Diminutos:

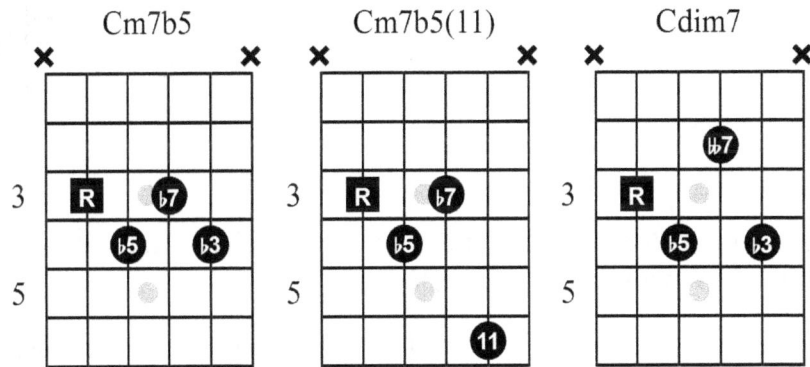

Cm7b5

Cm7b5(11)

Cdim7

Capítulo Seis: Impressione com o Fraseado

Este capítulo visa guiá-lo através de formas de incorporar o conteúdo ensinado nos capítulos anteriores nos seus solos, para criar interesse musical e frases pessoais nas suas improvisações. Ritmo, dinâmica e articulação são apenas alguns dos elementos da música que fazem com que as frases soem expressivas e não como exercícios.

Criando Interesse Rítmico

A música é, muitas vezes, comparada à linguagem, porque se for feita corretamente, ela transmite uma mensagem clara ao ouvinte. Comunicar verbalmente envolve juntar o vocabulário, que é pontuado para que possa ser compreendido, e depois executado com um tom que transmite a sua mensagem. Como músicos, o nosso objetivo deve ser fazer o mesmo com nosso instrumento.

Muitos dos exercícios e *licks* neste livro foram notados com sequências de semicolcheias ou tercinas de colcheias. Para ajudá-lo a desenvolver um novo vocabulário rítmico, o próximo conjunto de exemplos irá enfatizar variações usando diferentes agrupamentos de notas, descansos e *síncope*. A síncope acontece quando um músico se desvia de um ritmo esperado, enfatizando batidas mais fracas.

Usando uma frase básica (Exemplo 6a), vamos começar com uma série de quartas descendentes, usando tríades empilhadas (Bm, D, Em) sobre um acorde Cmaj7.

Exemplo 6a:

Agora, não há nada de errado com um compasso de quartas descendentes com semicolcheias, mas, depois disso, fica um pouco entediante porque o ouvinte prevê para onde a linha está indo.

Apenas estendendo a duração de certas notas, podemos usar a mesma mecânica de palhetada para criar interesse na frase antes de tocar as semicolcheias.

O Exemplo 6b usa colcheias pontuadas para iniciar as três primeiras unidades de quartos descendentes. Isso coloca ênfase melódica nas notas da batida um, no *e* da batida dois, e na batida quatro. Gosto de acentuar essas notas em particular com um ataque extra.

Outro grande subproduto dessa mudança é que as semicolcheias consecutivas que se seguem no compasso dois são agora uma permutação de quartos descendentes.

Exemplo 6b:

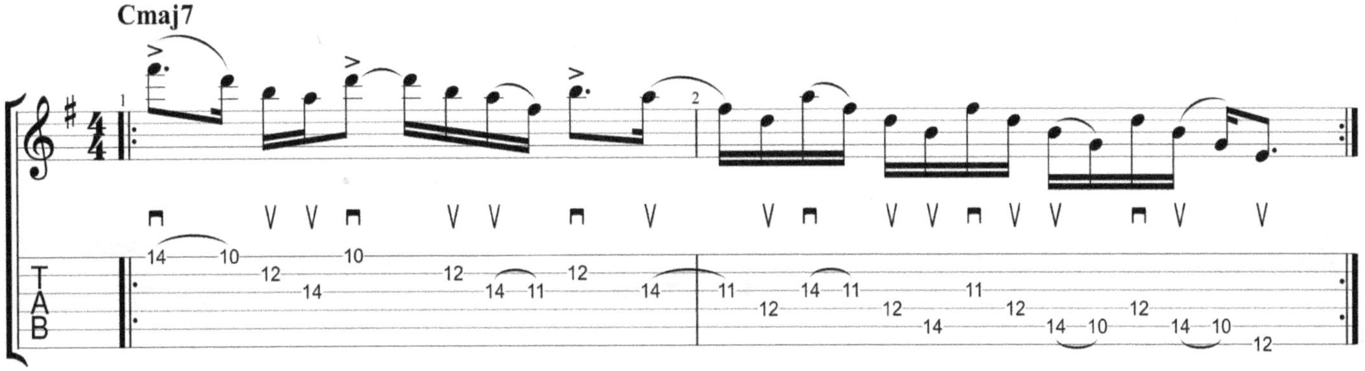

Cmaj7

O Exemplo 6c novamente usa colcheias pontuadas para quebrar a frase. Desviar-se da convenção no meio da frase subverte expectativas e soa mais musical do que o Exemplo 6a.

Exemplo 6c:

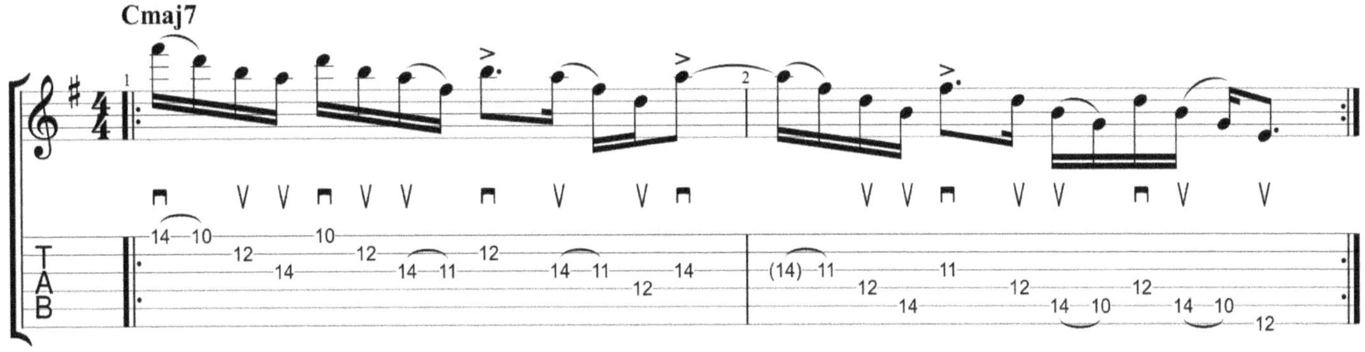

Cmaj7

Em seguida, vamos reequipar um combo de tríade e escala usado no Exemplo 4h.

Exemplo 6d:

Am

Quatro mudanças foram feitas no *lick* do Exemplo 6d para dar a ele uma sensação diferente no Exemplo 6e. Esta última é uma frase que mais parece Jazz Fusion, reminiscente de Frank Gambale. As primeiras quatro notas são fusas, usadas como anacruse para a frase de escala principal. Não se sinta intimidado pela velocidade, pois apenas é necessário fazer uma palhetada *sweep* para baixo.

No compasso dois, ambas as notas B (sétima casa, corda E aguda; quarta casa, corda G) foram alongadas, empurrando para trás as partes de escala que seguem cada uma delas. No compasso três, batida 2, uma pausa de duração de uma colcheia foi adicionada antes da subida final do *lick*. A frase final começa agora com um traço descendente.

Exemplo 6e:

Vamos retrabalhar mais um exemplo de integração de escala e tríade do Capítulo Quatro. Compare a notação dos Exemplos 6f e 6g.

Mais uma vez, alterei as durações das notas e adicionei descansos para retocar o fraseado do primeiro compasso. Para acelerar o *feeling* do *lick* no compasso dois e encaixar em notas extras retiradas do compasso anterior, as batidas 2 e 3 apresentam uma explosão de tercinas de semicolcheias em legato.

Exemplo 6f:

Exemplo 6g:

Dinâmica, Articulação e Controle

Como guitarristas, temos muitas ferramentas à nossa disposição para tirar notas da teoria e transformá-las em frases que chamam a atenção. Técnicas como o ataque da palhetada, legatos e abafamento ajudam a criar uma dinâmica ampla.

O Exemplo 6h se move para baixo em um arpejo de A menor com sétima, dobrando as duas primeiras semicolcheias de cada batida. Tente isto com um ataque de palheta moderado, usando o seu sistema de palhetada preferido.

Exemplo 6h:

Use as instruções de execução indicadas no Exemplo 6i para criar uma dinâmica ampla dentro do *lick*. Agora estão inclusas notas palhetadas com força, *pull-offs* e abafamento. Exagere as palhetadas e abafamentos para ouvir a diferença extrema na dinâmica e, em seguida, retroceda um pouco conforme sua preferência. Ouça o áudio de ambas as versões para experimentar a diferença como ouvinte.

Exemplo 6i:

A palhetada *sweep* pode se juntar à festa do abafamento e da palhetada acentuada também. Embora seja bom ter *sweeps* suaves e um ataque consistente, é ainda melhor ter opções. O Exemplo 6j mostra a forma como uma tríade de D Maior comum é executada. O Exemplo 6k usa a palhetada *sweep* abafada para criar um som apertado em staccato, contrastado por palhetadas para cima que não são abafadas.

Exemplo 6j:

Exemplo 6k:

Outra ferramenta para tocar arpejos com contraste é palhetar em uma direção e usar *hammer-ons* "do nada". O Exemplo 6l utiliza um *sweep* ascendente seguido de quatro notas marteladas na descida. Na tablatura, estes são marcados como *tappings* com a mão esquerda.

O compasso dois contém as mesmas notas, mas amplia a dinâmica usando o abafamento para as primeiras quatro notas. Para as porções em legato de ambos os compassos (que eu chamo de *legarpejos*), mantenha a execução limpa, minimizando o ruído de outras cordas ao executar os *hammer-ons*.

Exemplo 6l:

A adição do *tapping* da mão que segura a palheta no Exemplo 6m amplia o alcance das porções de legato do arpejo. É provável que alguns dos seus guitarristas favoritos usem legato na mão que digita as notas em conjunto com a palhetada *sweep* e o *tapping*, não só para um som suave, mas também para a vantagem técnica de não ter que reposicionar a palheta entre as partes rápidas com semicolcheias.

Exemplo 6m:

Mojo Melódico

É importante lembrar que os arpejos são uma das ferramentas melódicas mais importantes na improvisação. Embora comumente usados no rock para execuções muito rápidas, os arpejos são muitas vezes a resposta para a pergunta mais comum relacionada à improvisação: *Como é que encontro as notas interessantes?*

Os próximos exemplos são solos curtos com backing tracks que o ajudarão a ouvir como cada escolha melódica se encosta ao acorde que a acompanha. Acima de cada acorde, escrevi o conceito melódico por trás das notas.

O primeiro solo (Exemplo 6n) deve ser tocado a um ritmo lento de 70bpm, por isso não se deixe intimidar pelas partes mais rápidas. Eu indiquei pontos sugeridos para o vibrato, aproveitando as notas mais longas.

Exemplo 6n:

O segundo solo alterna entre dois tons usando os modos D Mixolídio e C Mixolídio de G Maior e F Maior. O Exemplo 6o apresenta *licks* sincopados que usam fragmentos de arpejo e pares de tríades, concluindo com uma parte na escala C Mixolídia, com palhetada *sweep* e pares de tríades.

Escolha a palhetada que preferir nos primeiros seis compassos. Por uma questão de completude, a tablatura inclui todas as minhas palhetadas preferidas, acentuações e abafamentos.

Exemplo 6o:

O solo final é uma mistura de frases de colcheias e ideias mais rápidas, sem mostrar sinais de desconexão entre a execução rápida e a melodia que muitos de nós já experimentamos como músicos. Como você pode ver na notação rítmica, o compasso quatro conecta as duas metades do solo ao imitar a colocação da nota do compasso um, antes de explorar algumas variações. Espero que goste, porque me diverti muito para montá-lo!

Exemplo 6p:

Tarefas do capítulo: Fraseado e Articulação

    _   Selecione frases do livro que tenham as durações das notas relativamente consistentes

    _   Aumente e diminua as durações das notas em vários pontos de cada *lick* e use os descansos para enfatizar diferentes tempos e contratempos do compasso.

    _   Aplique o abafamento, a palhetada acentuada ou o legato para aumentar a dinâmica.

    _   Entenda o *feeling* de qualquer faixa rítmica que você tocar e pontue suas frases de uma maneira que se adapte ao ambiente musical.

    _   Mantenha um catálogo mental dos ritmos que você gosta de usar no fraseado e tente usá-los na improvisação com notas diferentes a cada vez.

Conclusão

Você completou sua primeira leitura do livro, então agora é hora de trabalhar para internalizar o material e aplicar seus conceitos favoritos em músicas reais.

Quando você reler e aprofundar as ideias mecânicas, teóricas e musicais destes capítulos, tente ter em mente que muitos guitarristas desenvolveram estas abordagens ao longo de décadas, lentamente expandindo o vocabulário de solos com arpejos e habilidades de fraseado. Não há pressão para dominar tudo na primeira leitura porque a informação mais valiosa levará tempo para ser aprofundada!

Todos nós temos estilos e influências diferentes, por isso sugiro que nos concentremos em ideias que se enquadrem no tipo de música que gostamos, para depois desenvolver o máximo possível de variações e permutações. A aplicação é muito importante, por isso, comece a tocar essas ideias!

Improvisação pode ser desafiador, então quando você ouvir um tipo de acorde, lembre-se de suas opções e execute as ideias que você dominou com propósito.

Divirta-se fazendo música!

Chris

Outros Livros da Fundamental Changes

100 Licks Clássicos de Rock Para Guitarra

Além da Guitarra Rítmica – Licks & Riffs

Técnica Completa de Guitarra Moderna

Solando Com Pentatônicas Exóticas

Primeiras Progressões de Acordes Para Guitarra

Dominando a Guitarra Funk

Acordes de Guitarra Contextualizados

Fluência no Braço da Guitarra

Escalas de Guitarra Contextualizadas

Guitarra Solo Heavy Metal

Guitarra Base Heavy Metal

Guitarra Metal Progressivo

Guitarra Rock CAGED

Guitarra Base no Rock

O Ciclo das Quintas Para Guitarristas

Método Completo de Violão DADGAD

O Guia Completo para Tocar Blues na Guitarra: Livro Um – Guitarra Base

O Guia Completo para Tocar Blues na Guitarra: Livro Três – Além das Pentatônicas

O Guia Completo para Tocar Blues na Guitarra – Compilação

Primeiros 100 Acordes Para Guitarra e Violão

Guia Prático De Teoria Musical Moderna Para Guitarristas

Guitarra Neoclássica: Estratégias e Velocidade

www.ingramcontent.com/pod-product-compliance
Lightning Source LLC
Chambersburg PA
CBHW081435090426

42740CB00017B/3319